高等职业教育汽车车身维修技术专业教材

汽车板件加工与结合工艺

王 选 赵昌涛 主 编
董 刚 查文贵 副主编

人民交通出版社股份有限公司
China Communications Press Co.,Ltd.

内 容 提 要

《汽车板件加工与结合工艺》是高等职业教育汽车车身维修技术专业教材之一。主要内容包括金属材料基础知识、划线下料、板材弯曲工艺、收边与放边工艺、手工矫正工艺、展开放样基础、拔缘、咬缝、制筋、卷边工艺、样板规制作工艺、车身连接方式、电弧焊工艺、电阻点焊工艺、塑料焊接工艺、等离子切割工艺、气焊基础知识、气焊工艺、气保焊焊接基础、气保焊焊接工艺和气保焊塞焊工艺。

本书可作为高等职业院校汽车车身维修技术专业课程教材或自学用书,也可供汽车车身修复技术人员、管理人员或技师参考使用。

图书在版编目(CIP)数据

汽车板件加工与结合工艺 / 王选,赵昌涛主编. —北京:人民交通出版社股份有限公司,2018.7
ISBN 978-7-114-14720-3

Ⅰ.①汽… Ⅱ.①王…②赵… Ⅲ.①汽车—板件—加工工艺—高等职业教育—教材 Ⅳ.①U463

中国版本图书馆 CIP 数据核字(2018)第 102158 号

书　　名:	汽车板件加工与结合工艺
著 作 者:	王　选　赵昌涛
责任编辑:	郭　跃
责任校对:	赵媛媛
责任印制:	张　凯
出版发行:	人民交通出版社股份有限公司
地　　址:	(100011)北京市朝阳区安定门外外馆斜街 3 号
网　　址:	http://www.ccpress.com.cn
销售电话:	(010)59757973
总 经 销:	人民交通出版社股份有限公司发行部
经　　销:	各地新华书店
印　　刷:	北京市密东印刷有限公司
开　　本:	787×1092　1/16
印　　张:	8
字　　数:	182 千
版　　次:	2018 年 7 月　第 1 版
印　　次:	2018 年 7 月　第 1 次印刷
书　　号:	ISBN 978-7-114-14720-3
定　　价:	20.00 元

(有印刷、装订质量问题的图书由本公司负责调换)

前言 *PREFACE*

  为了满足高等职业教育培养汽车车身维修技术专业高等技术应用型人才的需要,为了贯彻十九大报告所提出的建设知识型、技能型、创新型劳动者大军,弘扬劳模精神和工匠精神,营造劳动光荣的社会风尚和精益求精的敬业风气,云南交通运输职业学院在深化职业教育改革,积极推进课程改革、教学改革及教材改革,满足职业教育发展新需求的过程中积极探索,组织一批教学经验丰富、实践能力强的教师与行业、企业的一线专家,依托世界技能大赛车身修理项目中国集训基地及国家级高技能人才培训基地两大优势平台,在充分调研的基础上,编写了本套教材,供高等职业教育汽车车身维修技术专业、汽车运用与维修技术、汽车检测与维修技术、汽车改装技术等专业教学使用。

  本教材主编在长期从事汽车钣金一体化教学、宝马钣金教学中,深切地体会到钣金加工成型及焊接技术作为汽车钣金维修的基本技能,对维修品质的好坏以及维修工成长的重要性。编者为开发该课程多次深入汽车维修行业学习,充分借鉴维修行业师傅的意见,并与国内外专家交流、探讨。结合德式教学风格、国家高技能人才培训要求、国内行业及高等职业教育实际发展现状,使本教材尽可能满足国内各大高等职业院校教学培养需求,涵盖内容如下。

  从轿车售后维修企业钣金维修岗位要求分析入手,结合国家对高等职业院校培养高等技术应用型人才的要求,确定教学目标和教材内容,强化教材的针对性和实用性;以国家职业标准为依据,使教材内容符合国家职业标准的相关要求,便于教学内容与实际工作需要相关联;以汽车钣金维修实操工艺流程为主线,以相关理论知识做辅助支撑为编写思路,精选轿车车身维修必需的基本技能、常用工具认知、车身外板件焊接切割等项目内容;根据院校的教学设备和汽车行业的发展趋势,合理安排教学内容。使学生在掌握汽车板件加工与结合工艺的基础知识之上,介绍目前轿车车身外板及铝外板整形修复的相关内容。此外,为便于对知识的理解和吸收,教材采用大量图解的表现形式以降低学习难度。

在本套教材的编写过程中,编写人员认真学习总结了全国交通职业院校多年来的教学成果,结合汽车维修企业钣喷维修岗位的特点,吸取世界技能大赛车身修理项目相关经验,借鉴国外发达国家先进职教理念,教材成稿后,形成以下特点:

(1)针对轿车维修中的基本技能,突出培养学生对金属材料力学性能的认知学习,重点强化学生在板材制作、切割焊接等基础知识的掌握。

(2)语言简洁、图文并茂、贴近实际、可操作性强。

(3)针对高等职业院校学生特点,内容层次分明、循序渐进。

(4)引入企业培训标准,更注重规范性和实用性。

本教材由云南交通运输职业学院王选、赵昌涛任主编,董刚、查文贵任副主编,云南交通运输职业学院谢家良任主审。具体编写分工为:云南交通运输职业学院王选(编写项目一~项目五),云南交通运输职业学院赵昌涛(编写项目六~项目八),云南交通运输职业学院董刚(编写项目九~项目十三),云南交通运输职业学院赵晓静(编写项目十四~项目十八),云南交通运输职业学院查文贵(编写项目十九~项目二十一)。本书在编写过程中还得到了该校汽车应用技术系高窦平、廖辉湘、谢家良老师的大力支持,在此一一表示感谢。

限于编者的理论水平和实践能力,教材内容难以完全覆盖全国各大高等职业院校的实际需求,希望各教学单位在推广及选用本教材的同时,多提出宝贵的意见和建议,以便再版修订时加以完善。

编　者
2018 年 3 月

目录 CONTENTS

项目一	金属材料基础知识	1
项目二	划线下料	8
项目三	板材弯曲工艺	15
项目四	收边与放边工艺	21
项目五	手工矫正工艺	27
项目六	展开放样基础	32
项目七	拔缘	39
项目八	咬缝	44
项目九	制筋	49
项目十	卷边工艺	55
项目十一	样板规制作工艺	59
项目十二	车身连接方式	64
项目十三	电弧焊工艺	69
项目十四	电阻点焊工艺	76
项目十五	塑料焊接工艺	83
项目十六	等离子切割工艺	87
项目十七	气焊基础知识	91
项目十八	气焊工艺	96
项目十九	气保焊焊接基础	103
项目二十	气保焊焊接工艺	108
项目二十一	气保焊塞焊工艺	114
参考文献		119

项目一　金属材料基础知识

学习目标

完成本项目学习后,你应能:
1. 能从外观上区别常见的金属材料;
2. 能说出材料的力学性能并能结合性能简单判断材料的性能差异;
3. 掌握按含碳量不同对碳钢进行分类的方法,了解各种碳钢的区别;
4. 能列举典型热处理方法的应用,并能说明其对金属材料的影响。

建议学时

2学时。

钣金维修过程中将会遇到各种各样的金属材料,如何区分和利用不同材质、不同特性的材料? 相同材质的金属材料为什么能表现出不同的性能? 如采用45钢制作而成的一把手锤,如果不经热处理在反复敲击后工作面会卷曲变形,如何解决以上问题? 这便是本项目的主要学习目的。

一、金属材料的分类

金属材料的种类很多,常用的有钢、铝、铜、钛、镁及其合金。本项目主要讨论钢和铁的有关内容。

1. 铸铁

铸铁是含碳量为2%~4.5%的铁碳合金,如图1-1所示。在铸铁的化学成分中还有Si、Mn及S、P等杂质。为了改善铸铁的性能,常在铸铁中加入Ni、Cr、Mn、Si、V、Ti、Mg等元素,成为合金铸铁。

按照碳在铸铁中存在的状态和形式的不同,可将铸铁分为五类:白口铸铁、灰口铸铁、可锻铸铁、球墨铸铁和蠕墨铸铁。

2. 钢材

钢材的种类很多,分类方法也很多。通常按

图1-1　铸铁

图1-2 低碳钢

照化学成分、用途、强度等级等进行分类。碳钢又称碳素钢,是铁和碳的合金。钢中还有 Mn 和 Si 以及杂质 S、P,钢材的性能主要取决于含碳量。

1)按照含碳量分类

(1)低碳钢(含碳量<0.25%):主要用于冷加工和合金结构;广泛用于厂房、桥梁、锅炉、船舶等领域,如图1-2所示。

(2)中碳钢(含碳量为0.25%~0.6%):主要用于强度要求较高的结构(如螺栓等部件),根据强度要求的不同可进行淬火和回火,如图1-3所示。

(3)高碳钢(含碳量≥0.6%):主要用来制造弹簧钢和耐磨刀具等,如图1-4所示。

图1-3 中碳钢　　　　　　图1-4 高碳钢

2)按照品质分类(以杂质含量分)

(1)普通碳素钢:含硫量≤0.05,含磷量≤0.045。

(2)优质碳素钢:含硫量≤0.035,含磷量≤0.035。

(3)高级优质碳素钢:含硫量≤0.03,含磷量≤0.035。

二、材料的性能

材料的性能主要是指力学性能、物理性能和工艺性能。

1. 力学性能

力学性能是指在外力作用下,材料抵抗破裂和过度变形的能力。包括下列指标:强度、弹性、塑性、韧性、疲劳强度、断裂韧性、硬度等。

1)强度

强度是指金属材料在外力作用下抵抗变形或破坏的能力,主要有以下三个评价指标。

(1)屈服强度。当金属材料呈现屈服现象时,在试验期间达到发生塑性变形而力不增加的应力点。如图1-5所示,汽车车身上的各个零部件根据

图1-5 不同强度的车身部件

使用要求不同,采用了各种不同强度的材料制成。

(2)抗拉强度,指材料在外力的作用下,由开始加载到断裂时为止所能承受的最大应力。它是反映材料抵抗大量均匀塑性变形的强度指标。如图1-6所示为拉伸试验用的设备,如图1-7所示为拉伸试验后的试棒变形图。

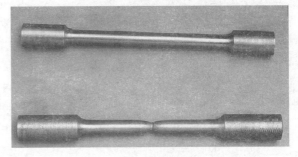

图1-6 拉伸试验机　　　　　　　　图1-7 拉伸试棒

(3)疲劳强度,表示材料经无数次交变载荷作用而不致引起断裂的最大应力值。

2)硬度

硬度指材料抵抗局部塑性变形的能力,现在多用压入法测定,如图1-8所示。

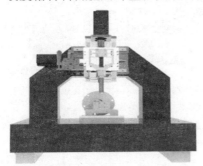

参数
◇ 精度水平符合ISO 14577
◇ 载荷分辨率:100nN
◇ 试验力范围:2%~100%FS
◇ 力测量精度:±1%示值
◇ 最大压痕深度:500μm、毫米级(系列)
◇ XY轴定位精度:2nm
◇ XY综合定位精度:3nm
◇ 样品尺寸:毫米级
◇ 可测量压入载荷—压入深度曲线、材料硬度、弹性模量等基本参量
◇ 配备控制主机,专用检测控制系统与配套分析处理软件

图1-8 压痕测试

(1)布氏硬度HB。将直径为D的钢球或硬质合金球,在一定载荷P的作用下压入试样表面,保持一定时间后卸除载荷,所施加的载荷与压痕表面积的比值即为布氏硬度。布氏硬度值可通过测量压痕平均直径d查表得到。

(2)洛氏硬度HR。在初载荷和总载荷(初载荷与主载荷之和)的先后作用下,将压头(金刚石圆锥体或钢球)压入试样表面,保持一定时间后卸除主载荷,用测量的残余压痕深度增量计算硬度值。

3)塑性

塑性是指材料受力破坏前承受最大塑性变形的能力,指标为断后伸长率和断面收缩率。

(1)伸长率:原始标距的伸长与原始标距之比的百分率。

(2)断后伸长率:断后标距的残余伸长与原始标距之比的百分率。

(3)断面收缩率:断裂后试样横截面积的最大缩减量与原始横截面积之比的百分率。

2. 物理性能

材料的物理性能主要是指：密度 ρ (kg/m³)、导热系数、比热、熔点 T_m (℃)、线膨胀系数、弹性模量 E。

3. 工艺性能

1）可焊性

可焊性是指金属材料通过常规的焊接方法和焊接工艺而获得良好焊接接头的性能，如图 1-9 所示。

2）热处理性能

热处理性能是指材料在热处理过程中表现出的淬硬性、淬透性、变形、开裂、氧化、脱碳的倾

图 1-9 金属材料的可焊性

向及晶粒长大的倾向等。

三、金属材料的热处理

1. 热处理的分类

热处理是将固态金属或合金，采用适当的方法进行加热、保温和冷却，以获得需要的组织结构与性能的一种工艺。金属材料热处理的工艺种类，如图 1-10 所示。

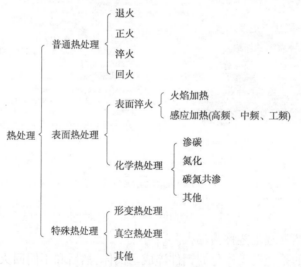

图 1-10 热处理分类

热处理方法虽然很多，但任何一种热处理工艺都是由加热、保温和冷却三个阶段所组成的。因此，热处理工艺过程可用"温度—时间"为坐标的曲线图表示，此曲线称为热处理工艺曲线，如图 1-11 所示。

2. 热处理的原理

热处理之所以能使钢的性能发生变化，其根本原因为铁有同素异构转变的特点，从而使钢在加热和冷却过

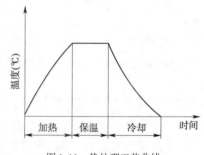

图 1-11 热处理工艺曲线

程中,其内部发生了组织与结构变化的结果。

经加热获得奥氏体组织后,如在不同的冷却条件下冷却,最后可使钢获得不同的力学性能。如 45 钢制造的直径为 15mm 的轴,经 840℃ 加热后,若在空气中冷却,其表面硬度小于 HBS189;若在油中冷却,其表面硬度可达 HRC45 左右;若在水中冷却,其表面硬度则可达 HRC56 左右。可见,同样的钢,加热条件相同,但由于冷却条件不同,它们在性能上会产生明显差别。

3. 热处理的方式

在热处理工艺中,常采用等温冷却和连续冷却两种冷却方式。

1) 退火

将钢加热到适当温度,保持一定时间,然后缓慢冷却(一般随炉冷却)的热处理工艺称为退火,如图 1-12 所示为退火炉。

(1) 退火的目的:降低钢的硬度、提高塑性,以利于切削加工及冷变形加工。细化晶粒,均匀钢的组织及成分,改善钢的性能或为以后的热处理做准备;消除钢的残余内应力,以防变形和开裂。

(2) 退火的方法:常用的退火方法有完全退火、球化退火、去应力退火等几种。

图 1-12 退火炉

2) 正火

将钢材或钢件加热到 Ac_3 或 Ac_{cm} 以上 30~50℃,保温适当的时间后,在静止的空气中冷却的热处理工艺称为正火。

正火与退火两者的目的基本相同,但正火的冷却速度比退火稍快,故正火钢的组织比较细,它的强度、硬度比退火钢高。

正火主要用于普通结构零件,当力学性能要求不太高时可作为最终热处理;作为预备热处理,可改善低碳钢或低碳合金钢的切削加工性;消除过共析钢中的网状渗碳体,改善钢的力学性能,并为以后的热处理做好准备。

3) 淬火

将钢件加热到 Ac_3 或 Ac_1 以上某一温度,保持一定时间,然后以适当速度冷却获得马氏体或贝氏体组织的热处理工艺称为淬火。

淬火的主要目的是把奥氏体化的钢件淬成马氏体,然后和不同回火温度相配合,获得所需的力学性能。

(1) 淬火介质。

淬火后要求得到马氏体组织,故淬火冷却速度必须大于临界冷却速度。但冷却速度过快,工件的体积收缩及组织转变都很剧烈,从而不可避免地引起很大的内应力,容易造成工件变形及开裂,因此淬火介质的选择是个极其重要的问题。

常用的淬火介质有水和盐类水溶液,以及油、熔盐、空气。不同淬火介质的冷却能力不同,为了保证钢中的奥氏体转变为马氏体,而不出现非马氏体组织,对于临界冷却速度大的碳钢,常采用淬火冷却烈度大的水或水溶液作为淬火介质;而合金钢一般适于用油作为淬火

图1-13 淬火

介质,如图1-13所示。

(2)淬火方法。

为了使淬火时最大限度地减小变形和避免开裂,除了正确地进行加热及合理选择冷却介质外,还应该根据工件的成分、尺寸、形状和技术要求选择合适的淬火方法。

①单液淬火法:将钢件奥氏体化后,在单一淬火介质中冷却到室温的处理,称为单液淬火。单液淬火时碳钢一般用水冷淬火,合金钢可用油冷淬火。单液淬火容易产生硬度不足或开裂等淬火缺陷。

②双介质淬火法:将钢件奥氏体化后,先浸入一种冷却能力强的介质中,在钢的组织还未开始转变时迅速取出,马上浸入另一种冷却能力弱的介质中,缓冷到室温。如先水后油、先水后空气等。

双介质淬火的优点是内应力小、变形小及开裂少;缺点是操作困难,不易掌握,故主要应用于以碳素工具钢为材料的易开裂工件的制造,如丝锥等。

③钢的回火。

钢件淬火后,再加热到 Ac_1 点以下的某一温度,保温一定时间,然后冷却到室温的热处理工艺称为回火。

淬火处理所获得的淬火马氏体组织很硬、很脆,并存在很大的内应力,因而易于突然开裂。因此,淬火必须经回火处理后才能使用。

习　题

一、判断题

1. 抗拉强度是指材料在拉断前所能承受的最大应力。　　　　　　　　　　　　(　　)
2. 疲劳强度表示材料经无数次交变载荷作用而不致引起断裂的最大应力值。　(　　)
3. 塑性是指材料抵抗局部塑性变形的能力。　　　　　　　　　　　　　　　　(　　)
4. 断面收缩率是指原始标距的伸长与原始标距之比的百分率。　　　　　　　　(　　)

二、选择题

1. 热处理是将固态金属或合金进行加热、保温和冷却,以获得需要的组织结构与性能的一种工艺,热处理不能改变的是(　　)。

　　A. 硬度　　　　　　　　　　　　B. 强度
　　C. 材质　　　　　　　　　　　　D. 塑性

2. 退火的目的不包括(　　)。

　　A. 降低钢的硬度
　　B. 提高塑性,以利于切削加工及冷变形加工
　　C. 细化晶粒,均匀钢的组织及成分,改善钢的性能或为以后的热处理做准备
　　D. 提高强度

3. 采用氧—乙炔火焰进行淬火操作时,应采用以下哪种防护用品(　　)。
　　A. 长皮手套　　　　　　　　B. 全尺寸面罩
　　C. 耳塞　　　　　　　　　　D. 防护眼镜
4. 以下不可以作为淬火介质的是(　　)。
　　A. 自来水　　　　　　　　　B. 盐水
　　C. 汽油　　　　　　　　　　D. 机油

项目二　划线下料

> **学习目标**
>
> 完成本项目学习后,你应能:
> 1. 掌握划线下料的操作流程;
> 2. 能说出各种工具设备的名称;
> 3. 能在板材上合理地布置零料;
> 4. 通过实操能掌握划线下料工具的使用技巧。
>
> **建议学时**
>
> 2学时。

为了在金属板材上划出加工线,需要运用划针、直尺等工具。下料时由于工件的形状大小不一,为了合理使用材料,在划线时应该做好统筹安排,即合理配裁。

一、划线工具

1. 划针

划针是用来在板料上划线的基本工具(图2-1),通常采用中碳钢或高碳钢制成,划针长度约为118mm、直径4~6mm。为了使其在板材上划出清晰的标记线,划针尖端非常尖锐,且具有耐磨性。划线时尖端必须紧靠钢板尺或样板,划针应朝划线方向倾斜50°~70°,同时向外倾斜。

2. 钢直尺

钢直尺是采用工具钢制成的尺寸度量工具,边缘平直耐磨,可作为划线样板。如图2-2所示,通常有300mm、500mm、1000mm(米尺)等几种规格。使用时应防止受热或折弯。

图2-1　划针　　　　　图2-2　钢直尺

3. 圆规

圆规用来在金属板上划圆或圆弧,并可用于两点之间的辅助测量,常用于将钢直尺上的尺寸引到钢板上。圆规的两个尖脚上均焊有硬质合金,并经淬火处理,可以在钢板上划出清晰的线条,如图 2-3 所示。

4. 样板和样板规

1)样板

根据材质的不同,有金属样板或纸样板等;根据用途的不同,有划线样板和检测样板之分。

如图 2-4 所示,当零件的形状较为复杂且数量较多时,经常借助样板来划线,长期使用的样板可采用金属板制成;检测样板用来检测零件某个部位的形状,如图 2-5 所示。

图 2-3 圆规

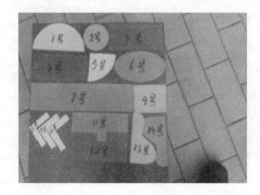

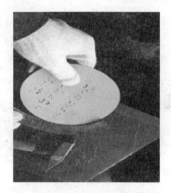

图 2-4 划线样板　　　　　　　图 2-5 检测样板

2)样板规

样板规由若干根紧密排列的钢针拼合而成,如图 2-6a)所示。使用时将样板规的一端垂直挤压到待测曲面上。由于每根钢针可以滑动,受到挤压后钢针前端形成的形状即为板件的表面形状,如图 2-6b)所示。

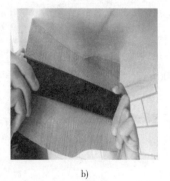

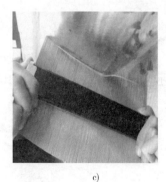

a)　　　　　　　　　　b)　　　　　　　　　　c)

图 2-6 样板规

用样板规判断变形部位时,先在无变形的零件上推压,再用所得断面形状去对比损伤部位,如图 2-6c)所示,即可判断出变形,通常运用于车身覆盖件的损伤判断。

5. 平台

平台钣金操作的基础件,主要用于在其上面进行板料划线、下料、矫正等工作,通常面板采用厚钢板制成,如图2-7所示。平台没有确定的尺寸,但要求水平光滑,使用时不允许用锤子直接锤击台面,更不要在其上面进行焊接作业,以防变形或烧伤。

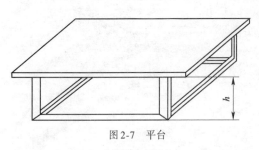

图2-7 平台

6. 样冲

样冲也叫中心冲,由高碳钢制成,长度90~150mm,尖端磨成30°~40°,经淬火处理。样冲主要用来冲圆心或钻孔时冲中心眼,如图2-8所示。用样冲打中心眼时,先把样冲倾斜30°左右放下去,对准中心点再把样冲摆正,用手握牢样冲用锤先轻敲一次,检查无误后再重敲一次。

图2-8 样冲

二、剪切工具

1. 手动剪刀

手动剪刀分为手剪刀和台式剪刀,一般用于某种条件下单件生产或半成品的修整工作,如图2-9所示。剪切时必须保证上下刀口贴紧,长期使用后刀口会变钝,刃磨时禁止刃磨两刀口的贴合面。以下是手剪刀剪切板材的两种典型方法:

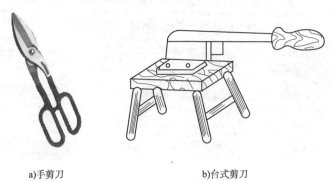

a)手剪刀　　　　　　　b)台式剪刀

图2-9 手动剪刀

1) 剪直线

如图2-10所示,剪短料直线时,一般将被剪去部分置于剪刀的右面;剪长料时,将被剪部分置于剪刀的左面;若遇到图2-10c)形式时,一手抬着被剪料一手执剪刀逐渐进刀。

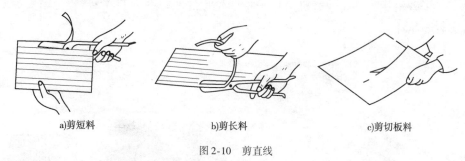

a)剪短料　　　　　　　　b)剪长料　　　　　　　　c)剪切板料

图2-10　剪直线

2)剪弧线

如图2-11所示,剪切外圆应从左边下剪,按顺时针方向剪切,边料会随着剪刀的移动而向上卷起。若边料较宽时,可采取剪直线的方法,剪内圆则相反。

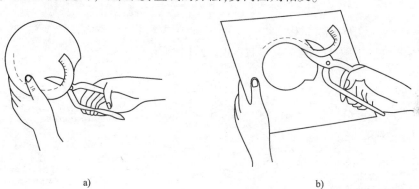

a)　　　　　　　　　　　　　　　b)

图2-11　剪曲线

2. 电动剪

电动剪属于振动式剪刀,由一个小型电动机带动刀杆上下运动,剪切原理与手动剪刀相似,上刀口与下刀头可根据需要进行调试,板件越厚重叠量越小,板件越薄重叠量越大。普通手提式震动剪最大剪切厚度可达2mm,如图2-12所示。

3. 精整工具

1)锉刀

图2-12　电动剪

手工锉刀用于锉修金属在粗加工后产生的微小误差,当余量较大时应采用其他的切割工具进行修整,常用的有平锉、方锉、圆锉、半圆锉及三角锉等,根据不同的使用要求有多种型号。

车身锉刀用于修整锤、顶铁、匙形铁等钣金工具作业完成后留下来的凹凸不平的痕迹,锉刀外形见图2-13。

当所锉部位比较平时,以30°握锉刀直推,或直握锉刀偏30°角斜推。

2)盘式砂磨机

盘式砂磨机可以安装砂轮片或砂纸。通常用于打磨工件上的焊缝、毛刺等,也可用于去除较厚的漆膜,当漆膜较薄时应该安装砂纸进行打磨,并防止打磨到金属板件。如图2-14所示为安装了砂轮片的盘式砂磨机。只需将砂轮片的凹陷朝外装在转轴上,用扳手旋至紧固即可安装砂轮片。

图2-13　手工锉刀　　　　　　　图2-14　安装砂轮片的盘片砂磨机

盘式砂磨机采用砂纸时的安装步骤,如图2-15所示。

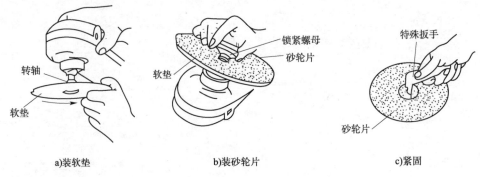

a)装软垫　　　　　　b)装砂轮片　　　　　　c)紧固

图2-15　安装砂纸的盘式砂磨机

(1)将软垫带毛绒的一面朝外放在转轴上,如图2-15a)所示。
(2)将砂轮片放在软垫上,保证边缘整齐,如图2-15b)所示。
(3)按住角磨机背部的锁紧销用专用扳手紧固,如图2-15c)所示。
砂磨机在安装完毕后必须先空转几秒钟,待停止后确保紧固螺栓没有松动方可使用。

三、合理配裁

下料时把相同材质的材料按大小、形状合理地分布在毛料上,这样可以最大限度地节省材料和提高工作效率,常用的配裁方法有以下几种:

1. 集中下料法

由于工件的形状与大小不一,为了合理地使用材料,将使用同样牌号、同样厚度的工件集中一次划线下料。这样可以统筹安排,减少浪费,如图2-16所示。

2. 长短搭配法

如图2-17所示,长短搭配法适合于条形板料的下料。下料时先将较长的板料排出来,然后根据长度再排短料,这样长短搭配,使余料最少。

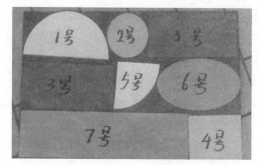

图 2-16 集中下料法

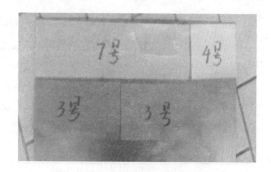

图 2-17 长短搭配法

3. 零料拼整法

在钣金作业中有时按整个工件划料则挖去的材料较多、浪费较大。因此，常有意将工件裁成几部分，然后再拼接起来使用，可以节省用料。如图 2-18 所示，当圆环的整体形状较大时可将圆环切割为几部分下料，最后焊接为一体即可。

4. 排样套裁法

如图 2-19 所示，当工件下料的数量较多时，为使板料得到充分利用，必须对同一形状的工件或各种不同形状的工件进行排样套裁。排样的方式通常有直排（7号与4号）、斜排、单行排列、多行排列、对头直排（13号与14号）、对头斜排（8号、9号、10号）。

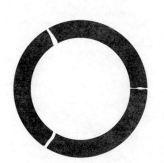

图 2-18 零料拼整法

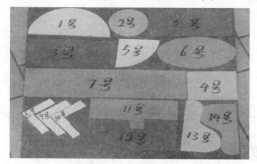

图 2-19 排样套裁法

习　题

一、填空题

1. 划针通常采用_____或_____制成，划线时尖端必须_____钢板尺或样板，划针应朝向_____倾斜 50°~70°，同时向_____倾斜 10°~18°。

2. 钢直尺使用时应防止_____或_____。

3. 圆规用来在金属板上划圆或_____，并可用于_____的辅助测量，常用于将钢直尺上的尺寸引到钢板上。

4. 样板根据材质的不同有金属样板或纸样板等，根据用途的不同有_____和_____之分。

5. 样板规用来判断各种曲面零件的_____形状，使用时先在_____的零件上推压，再用所得断面形状去对比损伤部位,即可判断出变形。

6. 平台使用时不允许用锤子直接锤击_____,更不要在其上面进行_____作业,以防变形或烧伤。

7. 样冲也叫_____,由高碳钢制成,长度 90～150mm,尖端磨成 30°～40°,经_____处理。样冲主要用来冲圆心或钻孔时冲中心眼。

二、选择题

1. 以下关于手动剪刀的运用正确的是(　　)。
   A. 手动剪刀一般用于板件批量生产或半成品的修整工作
   B. 上下刀口不能有一定的间隙
   C. 长期使用后刀口会变钝,刃磨时禁止刃磨两刀口的贴合面
   D. 剪刀剪切钢板时不允许将剪刀固定在台虎钳上

2. 以下关于剪切的描述错误的是(　　)。
   A. 剪直线时被剪去的那部分,一般都放在剪刀的右面
   B. 剪长料时被剪部分应在左面
   C. 剪切外圆应从左边下剪,按顺时针方向剪切
   D. 剪切内圆应从左边下剪,按逆时针方向剪切

3. 以下关于电动剪刀的使用方法错误的是(　　)。
   A. 使用时先打开电源再慢慢靠近剪切线
   B. 剪切厚板时应将重叠量调大
   C. 剪切薄时应将重叠量调大
   D. 上下刀口长期使用后如果磨损可以进行打磨修复

4. 有关划线下料中的安全防护知识正确的是(　　)。
   A. 为防止板件边缘割伤皮肤,操作时必须佩戴手套
   B. 板件在剪切时必须佩戴耳塞
   C. 进行划线操作时没有必要穿防护鞋
   D. 佩戴防护眼镜主要是为了防止灰尘溅入眼睛

三、简答题

1. 利用手剪刀剪直线和剪弧线有何区别?

2. 什么是排样套裁法?

项目三 板材弯曲工艺

学习目标

完成本项目学习后,你应能:
1. 理解折弯与弧弯的区别,并能通过外观形状进行判别;
2. 能描述在折弯和弧弯过程中金属的变形特点;
3. 了解折弯和弧弯在汽车维修中的运用;
4. 掌握折弯与弧弯的工艺过程。

建议学时

2学时。

通过对金属材料施加外力使其产生永久塑性变形的过程称为弯曲。弯曲是汽车钣金工艺中的基本操作工艺,弯曲形式一般有两种,即折弯和弧弯。钣金结构件通常都是通过板件的折弯或弧弯加工而成的,在汽车维修当中常常需要将平直的板件进行弯曲以达到所需的形状。对损坏的弯折处进行修复,也可看作是一种弯曲的工艺,本项目将对弯曲的原理和方法进行讲述。

一、折弯

板料角形弯折也称为折弯,是指板料弯折后出现平直的棱角。本部分旨在介绍材料沿厚度方向上的弯折,折弯变形过程中材料的里皮长度不发生变化,越靠向材料的外层拉伸越严重,如图3-1所示。所以,在下料时通常以里皮尺寸为下料尺寸。

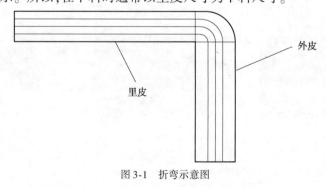

图3-1 折弯示意图

1. 折弯准备

操作时根据零件形状划线下料，并在弯折处划出折弯线，一般折弯线划在折角内侧。如果零件尺寸不大，折弯工作可在台虎钳上进行。将板料夹持在台虎钳上，使折弯线恰好与钳口衬铁对齐，夹持力度合适，如图3-2所示。

2. 折弯过程

1) 长料折弯

当弯折工件在钳口上较长或板料较薄时，应用一只手压住工件上部，另一只手用锤在靠近弯折线的部位来回轻轻敲打，如果敲打板料上方，易使板料中部发生变形或形成弧弯。如果钳口宽度比板件宽度小，可借助夹持角钢延伸钳口的方式进行，如图3-3所示。

图3-2 板件夹持

图3-3 长料弯折

图3-4 短料弯折

2) 短料折弯

如图3-4所示，若板料在钳口以上部分较短，应用垫铁垫在弯曲处，再用力敲打垫铁，若板料较薄也可借助木垫或橡胶垫等作为垫铁。

3) 几形零件折弯

弯折几形零件时，通常先折弯零件的中部线条，如图3-5a)所示，再弯两侧折线，如图3-5b)所示，最后完成所有折线的弯曲，如图3-5c)所示。弯曲封闭的盒子时，其方法步骤与弯曲几形零件大致相同。

a)

b)

c)

图3-5 几形零件弯折

二、弧弯

金属材料在弯曲应力的作用下以一定的弧度发生变形则称为弧弯。将板材弯曲成为圆管就是典型的弧弯,如图3-6所示。

1. 弧弯分类

工件的弧弯有冷弯和热弯两种。在常温下进行的弯曲称为冷弯。当工件较厚,要在加热情况下进行弯曲,称为热弯。在汽车钣金作业中常常需要将材料进行弯曲,弯曲时可根据需要采用冷弯或热弯的方式进行。

2. 弧弯的原理

材料弯曲时,其变形区部分的应力状态有所不同。横断面中间不变形的部分称为中性层。

图3-6 弧弯

中性层以外的金属受拉应力作用,产生伸长变形。中性层以内的金属受压应力作用,产生压缩变形,如图3-7所示。由于中性层两侧金属的应力和应变方向相反,当载荷卸去后,中性层两侧金属的弹性变形回复方向相反,引起不同程度的弹复。虽然弯曲变形仅限于材料的局部区域,但弹复作用却会影响弯曲件的精度。弹复的影响因素很多,而这些因素难以控制,由弹复引起的弯曲件精度问题,一直是弯曲成型生产的关键,这个圆弧所在位置是材料力学的中性层,也是用来计算展开长度的线(图中的虚线)。如图3-8所示,厚钢板在弯曲时,钢板弯角的内侧金属被挤压,外侧金属被拉伸,中性层长度近似不变。

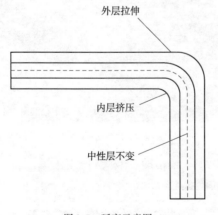

图3-7 弧弯示意图

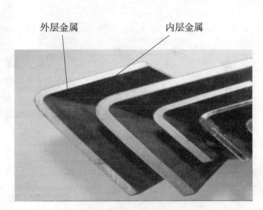

图3-8 厚钢板弧弯

3. 弧弯工艺

(1)弯曲时若板料较薄可借助台虎钳或圆管进行,首先在板料上划出若干与弯曲线平行的等分线,如图3-9所示,作为弯曲的加工线。

(2)沿着加工线从最外侧向内侧逐渐敲击,将一端敲弯后以同样的方式敲击另一端,如图3-10所示。敲击过程也可如图3-11所示,将板材压在槽钢上沿着加工线来回敲击。与放在平板上敲击不同的是,放在槽钢上敲击时弯曲面需要朝上。

图3-9 弧弯加工线

图3-10 敲弯两端

（3）经过一段敲击后，锤子无法从内侧进行敲击，此时可利用圆管作为胎具，将板件套在胎具上，进一步弯曲成圆形，同时修整板材的圆度，如图3-12所示。

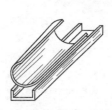
图3-11 利用槽钢敲弯

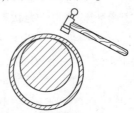
图3-12 利用圆管作为胎具

（4）如图3-13所示对板材进一步弯曲，当两端即将接触时，若直径较小可利用台虎钳夹持住圆管，使两端接触后，将接缝处进行定位点焊，如图3-14所示。

图3-13 进一步弯曲

图3-14 定位点焊

（5）利用胎具将圆钢管进一步整形，再将焊缝焊牢。锤击时，应尽量使用木锤，以防板料变形，如图3-15所示。

图3-15 修整

三、弯曲工艺在维修中的实际运用

1. 厚板的弯曲

若板料较厚时，则需将板件一端固定，然后借助火焰加热，加热时应沿着与弯曲线平行的等分线来回加热，边加热边用铁条垫住进行拍打。弯曲厚板时应准确把握住每一个位置的弯曲弧度，从板件的起始端开始直到末端一次成型，否者很难修整形状。

2. 结构件的弯曲

车身部件在撞击力作用下将产生弯曲,根据撞击位置和撞击力的不同,有的只是单件产生弯曲,有的则是整个结构件都产生弯曲。如图 3-16 所示,车身的前纵梁受到正面撞击后,纵梁中部则向外弯曲,纵梁的内侧产生折皱形成折弯,外侧产生拉伸形成弧弯。

车身在发生弯曲的过程中首先形成弧弯,当变形进一步加剧的时候则形成折弯,严重时折弯处还会出现裂纹。掌握这一规律对车身修复是至关重要的。

不但车身单件的变形遵循这一规律,当车身整体发生变形时也同样出现以上形式的变形,如图 3-17 所示。当车身正前方受到剧烈碰撞后,车身中部发生弯曲,弯曲时车身上部受挤压出现折皱变形,下部受拉伸出现弧弯变形。

图 3-16 车梁的弯曲

图 3-17 车身整体弯曲

习　题

一、判断题

1. 弯曲形式一般有折弯和弧弯。　　　　　　　　　　　　　　　　　(　　)
2. 弯几形零件时,通常先弯曲零件的最外部线条。　　　　　　　　　(　　)
3. 一般折弯线划在折角外侧。　　　　　　　　　　　　　　　　　　(　　)
4. 弯折工件在钳口上较短或板料较厚时,应用手压住工件上部再进行敲击。(　　)
5. 板料角形弯折也称为折弯,是指板料弯折后出现平直的棱角。　　　(　　)

二、选择题

1. 以下适用于折弯操作的防护用品为(　　)。
   A. 皮围裙　　　　　　　　　B. 面罩
   C. 防护眼镜　　　　　　　　D. 焊接口罩
2. 折弯时采用橡胶锤或木锤敲击的目的是(　　)。
   A. 敲击面积更大
   B. 敲击更省力,容易发生变形
   C. 为了减少敲击产生的锤痕
   D. 木锤使用技术要求较低

3. 当板料在钳口以上部分较短时,以下哪项操作不正确?(　　)
　　A. 可用垫铁垫在弯曲处,再用力敲打垫铁
　　B. 可用铁锤直接敲打,逐渐形成折弯
　　C. 敲击时也可借助木垫或金属垫等作为辅助工具
　　D. 应用手推着板件然后用木锤敲击,逐渐变弯
4. 若板料在钳口以上部分较长,以下操作错误的是(　　)。
　　A. 可用宽木板垫在弯曲处,再用力敲打木板
　　B. 可以一手按压板件上口,一手持锤敲打钳口附件区域
　　C. 可借助折边机进行折弯
　　D. 利用铁锤对钳口以上的板件按从上至下的顺序反复敲打

三、简答题

1. 板材在折弯和弧弯时金属内部组织变化有何区别?

2. 简述利用薄钢板制作一根直径50mm、长度300mm圆管的步骤。

项目四　收边与放边工艺

学习目标

完成本项目学习后,你应能:
1. 掌握所需工具的应用技巧,能说出相关工具设备的名称;
2. 理解放边与收边的操作原理,能借助实物说明材料在加工过程中的变化;
3. 能通过放边与收边的操作过程,理解钣金修复中的相关操作;
4. 能正确规范地进行操作。

建议学时

2学时。

在汽车车身修复中常需要将弯曲的板件边缘折弯,根据折弯原理和工艺不同,可将其分为放边和收边。

一、放边工艺

通过板料变薄而导致角形零件弯曲成型的方法叫放边。常见的放边方法有两种,一种是把角形板料一边打薄,称为打薄放边,如图4-1所示,此法效果显著,但表面有锤打痕迹,板料厚薄不均;另一种是将角形板料一边拉薄,称为拉薄放边,如图4-2所示,加工时表面光滑,厚度均匀,但易拉裂,操作比较困难。由于打薄放边更适合于单件生产,故常运用于钣金修复当中。

图4-1　打薄放边

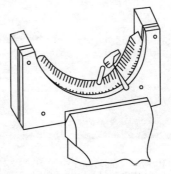

图4-2　拉薄放边

1. 打薄放边

1）打薄放边原理

在制造凹曲线弯边的零件时可用直角形材料在铁砧或平台上锤放直角料边缘，使边缘材料变薄、面积增大、弯边伸长。锤击时，注意握击力度，使靠近内缘的材料伸长较小，靠近直角料边缘的材料伸长较大，锤痕呈放射状均匀分布即可达到此目的。这样，直角料就逐渐被锤放成曲线弯边的零件，如图4-3所示。

图4-3 打薄放边

2）打薄放边操作工艺

（1）计算零件的展开尺寸，通常根据所需零件的形状直接量取，若所需零件为较规则的形状，则可根据数学公式算出。在实际工作中，由于打薄的部位边缘处可能出现裂纹或厚度不均匀，故在下料时需留出加工余量。

（2）放边前要矫正直角料，使之平直。

（3）放边时直角料底面必须与铁砧表面保持水平，不能太高或太低，否则放边时材料会产生翘曲，如图4-4所示。

 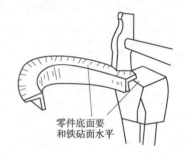

图4-4 贴合铁砧

（4）锤痕要均匀并呈放射状分布，锤击的面积占边宽的3/4，绝对不能锤击直角料的过渡圆角处，遇有直角形件的直线部分时，不能锤击，应跳过这部分在弯曲部分锤击，如图4-5所示。

 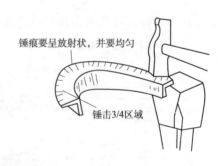

图4-5 放射状锤痕

（5）在放边过程中，材料会产生冷作硬化。发现材料变硬后要退火处理。否则，继续锤击会出现裂纹。

（6）操作过程中应随时用样板检查外形,防止弯曲过大,如图4-6所示,在放边时一旦弯曲弧度超过图纸要求则难以恢复。形状达到要求后,应进行修整校正和精加工。

2. 拉薄放边

1）拉薄放边原理

拉薄放边是借助模具的圆弧,将材料边缘在弯曲的过程中拉长,形成弯边,如图4-7所示,拉薄放边通常用于批量制作凹曲线弯曲零件。

图4-6 样板检验

图4-7 拉薄放边

为防止裂纹,生产中可事先利用木锤或铁锤将板料在木墩上锤放,利用木墩的弹性,使材料伸展拉长,然后弯制弯边,这样交替进行,完成制作。

2）拉薄放边操作工艺

（1）按零件弯曲的外形要求,选择合适的型胎或预制型胎,如图4-8所示。

图4-8 拉拔胎具

（2）计算展开尺寸并划出拉拔放边的区域,弧线时可划出加工辅助线,如图4-9a)所示;如图4-9b)所示,将板件弯曲成型,使其能置于型胎内部。

（3）将毛料固定于型胎中,沿板料边缘逐渐敲弯。每轮敲击过程中,每个部位都要进行敲打,如图4-10所示。

二、收边工艺

1. 收边的原理

通过板料变厚而导致角形零件弯曲成型的方法叫收边,收边与放边在加工原理上恰好相反。如图4-11所示,板件通过收边以后,上口弯折呈90°。由于收边时材料要收缩变短,加工时难度较大,在实际运用中遇到收边处宽度较大时,则采用零件拼接的方式代替。

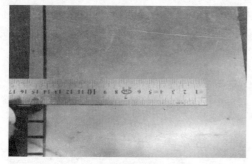 

a)划出加工线　　　　　　　　　　b)弯曲成型

图4-9　划出加工线与弯曲成型

图4-10　沿型胎敲弯

2. 收边工艺

(1)按零件弯曲的外形要求,制作纸样板,如图4-12所示。

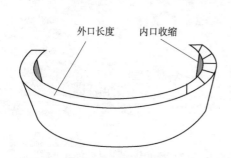 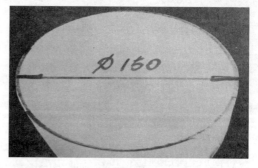

图4-11　收边示意图　　　　　图4-12　纸样板

(2)计算展开尺寸。在计算毛料尺寸时考虑到工件的两端较难弯曲,毛料的尺寸应比实际尺寸大5~10cm,待成型后截取中部形状较为吻合的部位,如图4-13所示。

(3)利用起皱钳将材料的边缘处起皱,如图4-14a)所示。若没有起皱钳也可将材料的边缘置于钳口上用锤先敲弯,然后挤压材料的两端加剧皱折的凸起,通常皱折处的高度和宽度等于收边的宽度,如图4-14b)

图4-13　毛料

所示。

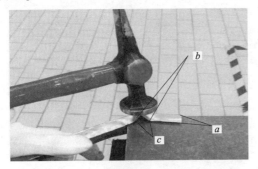
a)起皱

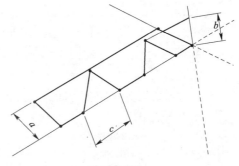
b)起皱示意图

图 4-14　起皱

（4）敲平皱折处，完成收边操作。若在敲击皱折时由于板件自由伸展达不到所要求的弯曲形状，敲击过程中可固定住两端，先敲击皱折的最内侧，然后逐渐向高处移动，如图 4-15 所示，也可采用加热皱折处的方法。

图 4-15　敲平皱折

习　　题

一、填空题

1. 把角形板料一边打薄，形成曲线弯边零件的方法叫_____。
2. 放边时若锤击到材料的折角处会出现_____变形。
3. 打薄放边时锤痕呈_____。
4. 放边时靠近内缘的材料伸长较_____，靠近直角料边缘的材料伸长较_____。
5. 拉薄放边的特点有_____、_____，但易_____。

二、选择题

1. 以下适用于打薄放边操作的防护用品为（　　）。
　　A. 皮手套　　　　　　　　　　B. 全尺寸面罩
　　C. 耳塞　　　　　　　　　　　D. 焊接口罩
2. 以下工具适用于放边操作的是（　　）。
　　A. 球头锤、钢板尺、台虎钳　　　B. 杠杆剪、橡胶锤、划针
　　C. 大力钳、錾子、划线工具　　　D. 鸭嘴锤、角尺、划规

3. 打薄放边时锤痕要均匀并呈放射状分布,锤击的面积占边宽的(　　)。
   A. 1/4　　　　　B. 2/4　　　　　C. 2/5　　　　　D. 3/4
4. 在放边过程中,材料会产生冷作硬化,发现材料变硬后要(　　)。
   A. 淬火处理　　　　　　　　B. 退火处理
   C. 正火处理
5. 打薄放边时为了防止弯曲过大应该(　　)。
   A. 轻轻敲击　　　　　　　　B. 分段敲击
   C. 边敲边用样板检验　　　　D. 弯曲后反向敲击

项目五　手工矫正工艺

学习目标

完成本项目学习后,你应能:
1. 列举金属板件常见的变形形式;
2. 简述各种变形的矫正原理;
3. 说明各种变形的矫正方法和注意事项。

建议学时

2学时。

一、手工矫正的意义

汽车车身发生变形的因素很多,归纳起来不外乎有以下几个方面:设计欠缺考虑、制造过程本身的薄弱环节较多、部分车身材料上存在着缺陷、维修工艺不当形成的隐患或损伤、经长期使用所引起的变形或材料劣化、碰撞事故导致的机械损伤,本项目主要学习因事故导致的机械损伤。

在钣金修复中将会遇到各种各样的变形损伤,为了修复这些损伤,通常把一个大的损伤看成是由无数个小损伤组合而成,修复时再将小损伤拆分为若干个单件变形,而单件变形无外乎弯曲变形、扭曲变形、拉伸变形和压缩变形。只要掌握这些小变形的矫正方式,就能完成对各种损伤的修复。

二、手工矫正的常用方法

手工矫正是指在平板、钻砧或台虎钳上用锤子等工具,使不合乎形状要求的钣金件达到技术要求所规定的几何形状。常用的手工矫正方法有延展法、扭转法、伸张法和弯形法。

1. 延展法

延展法(图5-1)主要针对金属薄板由于局部拉伸变长或收缩变短而引起的中部凸鼓(图5-1a)、边缘呈波浪形(图5-1b)、对角翘曲(图5-1c)的矫正。

2. 扭转法

扭转法用来矫正条料变形,如扁钢或角钢扭曲变形,操作时将条料夹持在台虎钳上,用扳手把条料反扭到原有形状，如图 5-2 所示。

a)中间凸鼓　　　　　　　　b)边缘呈波浪形　　　　　　　　c)对角翘曲

图 5-1　延展法

3. 伸张法

伸张法用来矫正各种细长线材，其方法比较简单，只要将弯曲线材绕在圆管上，紧抓线材的两端来回拉动，使线材在拉力作用下绕过圆管，即可矫直线材，如图 5-3 所示。

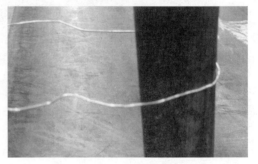

图 5-2　扭转法矫正条料　　　　　　　　图 5-3　伸张法矫直线材

4. 弯形法

弯形法用来矫正弯曲的棒料和在宽度方向上弯曲的条料，直径较小的棒料和薄条料，可夹持在台虎钳上用扳手矫正；直径大的棒料和较厚的条料，则用压力机械矫正。

三、典型变形矫正工艺

1. 凸鼓面的矫正

（1）判定凸鼓是否因为周边收缩而导致，如图 5-4 所示，板材周边因受热后冷收缩导致中间凸起时才适用于该方法。

（2）将板料凸面向上放在平台上，一只手按住板料，一只手握锤，由板料四周边缘开始，逐渐向凸鼓面中心靠拢敲击，边缘处敲击力重，击点密度大；越向凸鼓面中心，敲击力越轻，击点密度越稀。其目的是为了使收缩的材料通过锤击变长，从而消除变形。

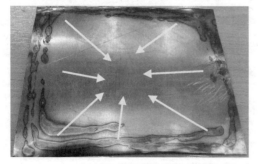

图 5-4　凸鼓面的矫正

（3）板料基本矫正后，再用木锤进行一次调整性敲击，以使整个组织舒展均匀。

2. 边缘呈波浪形变形的矫正

（1）判定该边缘翘曲是否因为周边受拉伸变长而导致。板材中部较小区域平整、边缘较大区域出现波浪形变形,则适用于该矫正方法。

(2)将边缘呈波浪形的板料放在平台上,一只手按住板料、一只手握锤,由板料中间开始,逐渐向四周扩散敲击,如图5-5所示。敲击时,中间敲击力大,击点密度大;越向周围,敲击力越小,击点密度越稀。

(3)板料基本矫正后,再用木锤进行一次调整性敲击,以使整个组织舒展均匀。

3.对角翘曲的矫正

(1)判定该对角翘曲是否因为对角边缘线收缩而导致,如图5-6所示,板材中两个对角较为平整,另外两个对角向上翘曲,当按下翘曲的两个对角时另外两个对角出现翘曲,则适用于该矫正方法。

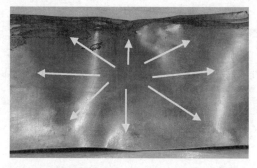
图5-5 边缘呈波浪形的矫正

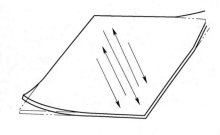
图5-6 对角翘曲的矫正

(2)将翘曲板料放在平台上,一只手按住板料、一只手握锤,先沿着没有翘曲的对角线开始敲击,然后依次向两侧伸展,使其延伸而矫正。

(3)板料基本矫正后,再用木锤进行一次调整性敲击,以使整个组织舒展均匀。

4.板料的拍打矫正

如图5-7所示,用拍板(甩铁)在板料上拍打,使板料凸起部分受压变短,同时张紧部分受压伸长,从而达到矫正的目的。拍板通常用3~5mm、宽度小于40mm、长度小于400mm的钢板制成。最后,还应用木锤进行调整性敲击。

5.扁钢扭曲的矫正

(1)将扁钢夹持在台虎钳上。

(2)用夹具夹住扁钢的另一端,用力将扁钢反方向扭转,如图5-8所示。

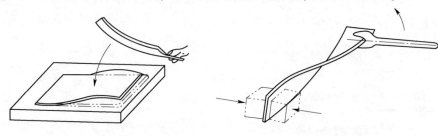
图5-7 拍打矫正　　　　　图5-8 反向扭转矫正

(3)扭曲变形基本消除后,采用锤击法将其矫正。

(4)锤击时,将扁钢斜置,平整部分搁置在平台上,扭转翘曲的部分伸出在平台外,如图5-9所示。

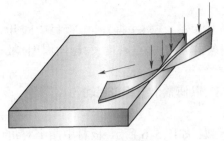

图 5-9 敲击矫正

(5) 用锤子敲击稍离平台外向上翘曲的部分,敲击点离平台的距离约为板料厚度的 2 倍左右,边敲击边将扁钢向平台内移动。

(6) 翻转 180°再进行同样的敲击,直到矫正完成为止。

6. 圆钢变形的矫正

如图 5-10 所示,圆钢多为弯曲变形,其矫正只需将圆钢放在平台上,使凸起处向上,用适当的中间锤置于圆钢的凸起处,然后敲击中间锤的顶部进行矫正。

7. 焊接件的矫正

1) L 形焊接件角度的矫正

矫正方法:图 5-11 所示为由两根角钢垂直焊接在一起构成的 L 形焊接件,冷却后焊接角度会发生变化。当角度小于 90°时,可用錾子沿焊缝 OA 段的阴影处锤击,使受锤击处的材料伸展,两边的角钢向外扩张,角度增大,直至达到 90°为止。在锤击过程中,要用直尺和角尺检查。角度大于 90°时,可用錾子锤击 OB 段,使角度变小。

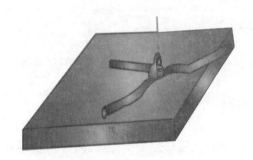

图 5-10 圆钢变形的矫正

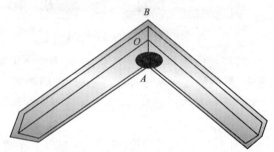

图 5-11 焊接角变形矫正

2) 矩形框架的矫正

矫正方法:图 5-12 所示为矩形焊接件,框架 AD 与 BC 边出现双边弯曲现象时,可将框架立于平台上,外弯边 AD 朝上,BC 边两端垫上垫板,锤击凸起点 E,如果四边略有弯曲,可分别向外或向内锤击凸起处。当尺寸误差不太大时,把框架竖起来,锤击较长一边的端头,使其总长缩短。如角 B 和角 D 小于 90°,采用图 5-13 所示的方法,锤击 B 点使其扩展。

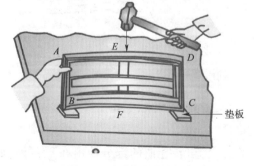

图 5-12 矩形框架的矫正(一)

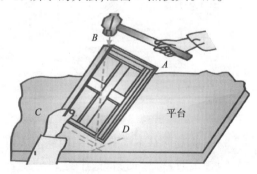

图 5-13 矩形框架的矫正(二)

习 题

请补充完成下列两种变形件的矫正流程：

(1) 扭曲件的矫正。

① 将扁钢_____在台虎钳上。

② 用夹具夹住扁钢的另一端,用力将扁钢_____方向扭转。

③ 扭曲变形基本消除后,采用_____法将其矫正。

(2) 中间凸鼓件的矫正。

① 将板件置于平台上检查凸鼓的程度。

② 将凸鼓朝_____,左手按住板件,右手用锤敲击板件,边缘处敲击力度可以_____一些,锤击点_____;

③ 边敲边检查变形处的回复情况,视情节减轻_____,并逐渐向中心区域靠拢。

④ 待板件凸起处即将贴合平台时作_____,即轻敲每个有变形的小区域。

项目六　展开放样基础

学习目标

完成本项目学习后,你应能:
1. 叙述放样的定义和比较三种放样展开法的区别;
2. 绘制斜口圆柱及圆锥的展开图。

建议学时

2学时。

展开放样是钣金修复常用的基础知识,通过展开放样的方式可以制作完成各种形状复杂的钣金结构件。本项目以斜口圆柱和圆锥的展开放样知识为例进行讲解。

一、展开放样定义及方法

1. 展开放样定义

在汽车钣金构件制造中,将构件的立体表面按实际形状和尺寸依次展开在一个平面上,这个过程称为展开,所得到的图形则为展开图。图6-1a)为一个圆柱的主俯视图、图6-1b)为展开图、图6-1c)为将圆柱表面摊平的过程,即展开过程。

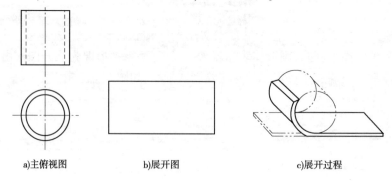

a)主俯视图　　　　b)展开图　　　　c)展开过程

图6-1　展开放样

2. 展开方法

1)平行线展开法

平行线展开法主要应用于棱线或素线相互平行的构件,如圆柱、椭圆柱、斜口圆柱、圆柱的组合体、棱柱、棱柱组合体等,如图 6-2 所示为斜口圆柱的平行线展开图。

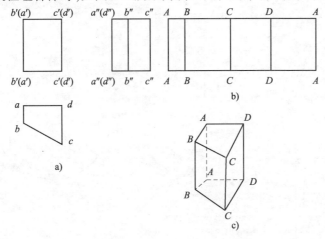

图 6-2 平行线展开法

2) 放射线展开法

放射线展开法适用于展开素线或棱线交汇于一点的构件,如圆柱、棱锥、斜口圆锥、斜口棱锥等,如图 6-3 所示为圆锥的放射线展开图。

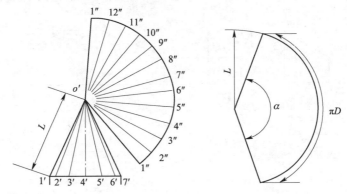

图 6-3 放射线展开法

3) 三角形展开法

三角形展开法的原理是将形体表面分成若干个小三角形,然后把这些小三角形按原先的相互位置和顺序铺平开来,则形体表面就被展开了,所得图形即为展开图。由可展表面组成的构件一般都可以用三角形展开的方法绘制展开图,如图 6-4 所示。

二、绘制展开图

1. 斜口直立四棱柱面展开图

斜口直立四棱柱面展开图,如图 6-5b)所示,其作图步骤为:

(1) 在底口正面投影(或左视投影)延长线上的适当位置截取长度 Ⅲ = (1)(2)、ⅡⅢ = (2)(3)、ⅢⅣ = (3)(4)、Ⅳ Ⅰ = (4)(1)。

(2) 过 Ⅰ、Ⅱ、Ⅲ、Ⅳ 各点作延长线垂线,取其长度分别为 Ⅰ A = (1')(a')、Ⅱ B = (2')(b')、Ⅲ C = (3')(c')、Ⅳ D = (4')(d'),分别得到 A、B、C、D 等点。

(3)依次连接 A、B、C、D、A 点,即得到斜口直立四棱柱面的展开图。

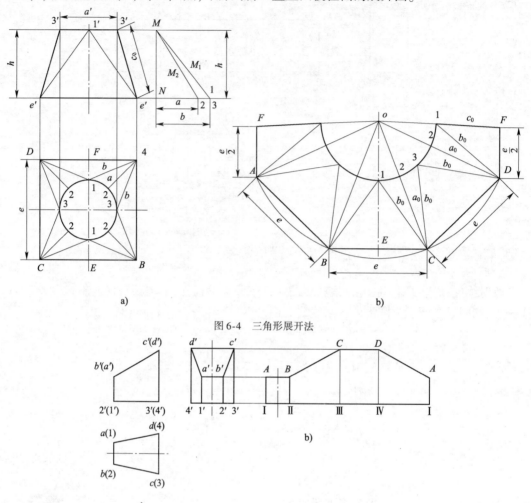

图 6-4 三角形展开法

图 6-5 斜口直立四棱柱面展开图

2. 斜口直立圆柱的展开图

斜口直立圆柱展开图,如图 6-6b)所示,其作图步骤如下。

(1)在底口正面投影(或左视投影)延长线上的适当位置截取长度 Ⅰ—Ⅰ = 圆周长 D。

(2)将俯视图圆周 12 等分并过等分点作垂线与主视图斜口相交,得 $1'$~$7'$ 点。

(3)将延长线 D 分为 12 等份并过各等分点作垂线与主视图斜口上过 $1'$~$7'$ 所作的水平线对应相交于(Ⅰ~Ⅶ)7 个点。

(4)用光滑的曲线依次连接 Ⅰ~Ⅶ 点,即得到斜口直立四棱柱面的展开图。

3. 正圆锥面展开图

圆锥面的展开,通常是用棱锥面展开近似代替,即过锥顶在圆锥面上作一系列素线,将圆锥面划分为若干等份,将素线当作是棱锥面的棱线,用这些棱线形成的棱锥面代替圆锥面进行展开,如图 6-7 所示。

正圆锥面展开作图步骤如下。

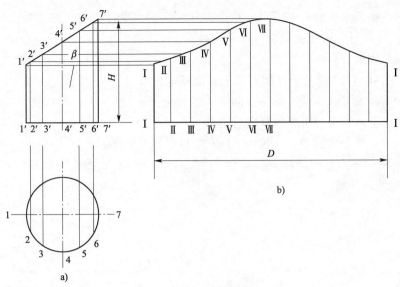

图6-6 斜口直立圆柱展开

(1) 等分圆周。将圆锥面水平投影圆 12 等分,得等分点 1、2、3…。求出等分点的正面投影 1′、2′、3′…,分别连接 o′1、o′2、o′3…为圆锥面的素线。

(2) 以圆锥顶的正投影 o′为圆心,以反映实长的素线的投影 o′7 长度为半径画圆弧,在圆弧上适当位置选取一点Ⅰ作为起点,依次用水平投影上一个等分弦长 12 的长度在圆弧上截取 12 段,得Ⅰ、Ⅱ、Ⅲ…各点,最后用直线将 o′点分别和Ⅰ、Ⅱ、Ⅲ…各点连接起来所得到的扇形,便是圆锥面的展开图。

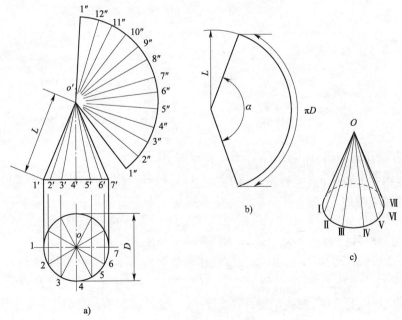

图6-7 圆锥面展开图

4. 斜口圆锥的展开图

斜口圆锥的展开,如图 6-8 所示,作图的步骤如下。

(1)将圆锥面的水平投影12等分,并作等分素线的水平投影与正面投影。等分素线的正面投影与截平面对应相交于 a'、b'、c'…。

(2)用圆锥面展开作图的方法画出圆锥面的展开图,或用前述公式计算出中心角 a,并画出扇形后将中心角12等分。在展开图上画出各等分素线。

(3)用旋转法求素线至截平面交点的实长。过交点 a'、b'、c'…作轴线的垂线,与轮廓线 $o'7$ 相交的交点至 o' 的长为所求各素线的实长。

(4)分别在各等分素线 $O\mathrm{I}$、$O\mathrm{II}$、…上依次截取 OA、OB、…,令它们分别等于相应素线的实长,得 A、B、…各点。用同样方法画出对称的另一半对应点,用光滑曲线将这些点连接,即得斜口圆锥的展开图。

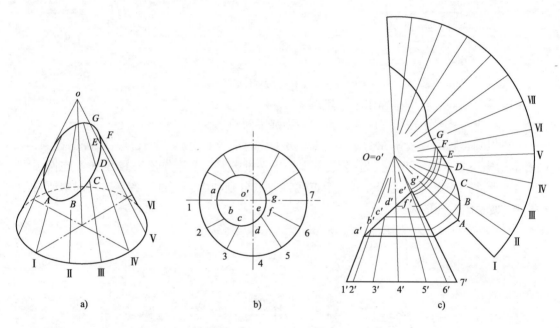

图 6-8 斜口圆锥展开图

5. 天圆地方展开图

天圆地方展开图,如图 6-9 所示,作图的步骤如下。

(1)将俯视图中的 1/4 圆周等分,得等分点 1、2、3,再连接 A 与各等分点,得出各素线投影长 a、b。

(2)作主视图中 $3'3'$、$e'e'$ 的延长线的垂线 MN,再由点 N 向右截取线段分别等于俯视图中 a、b 的长度。然后将 M 与各截点连线,则 $M2$、$M1$ 分别为实长线。

(3)以 $e/2$ 及 co 长为直角边,在适当位置作直角三角形 $1FD$。再分别以 $1FD$ 为圆心,俯视图等分弦长 12 及实长线画出三角形 $21D$、$3CD$、$32C$、$19C$、$1EC$。连接 $1F$ 直线、FD 直线、DC 直线、CE 直线以及曲线,便画出展开图的右边。展开图左右对称,同样方法作出展开图对称的另一半。

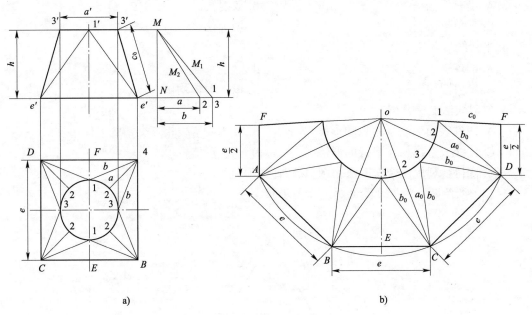

图 6-9 天圆地方展开图

习　　题

一、判断题

1. 放样的目的是为了画出零件的投影图。　　　　　　　　　　　　　　（　　）
2. 放样图的尺寸通常比实际尺寸小。　　　　　　　　　　　　　　　　（　　）
3. 圆锥的展开图是一个扇形。　　　　　　　　　　　　　　　　　　　（　　）
4. 圆柱的展开可以使用平行线法。　　　　　　　　　　　　　　　　　（　　）
5. 三角形展开法可以展开所有形体表面。　　　　　　　　　　　　　　（　　）
6. 求线段实长的目的在于得出实物的长度。　　　　　　　　　　　　　（　　）
7. 三角形展开法是将形体表面划分成若干个小三角形后进行展开。　　　（　　）
8. 以圆的半径为弦长可将圆周六等分。　　　　　　　　　　　　　　　（　　）
9. 斜口圆柱用放射线法展开更方便。　　　　　　　　　　　　　　　　（　　）
10. 一个零件展开图的面积就是零件的表面积。　　　　　　　　　　　（　　）

二、选择题

1. 以下哪项不是求实长的方法？（　　　）

　　A. 直角三角形法　　　　　　　　B. 三角形法

　　C. 旋转法　　　　　　　　　　　D. 换面法

2. 当投影线平行于 X 轴时,线段在(　　　)中的投影反映实长。

　　A. 主视图　　　　　　　　　　　B. 俯视图

　　C. 左视图　　　　　　　　　　　D. 右视图

3. 以下哪种展开法适合于天圆地方形构件的展开？（　　　）

A. 平行线法 B. 放射线法
C. 三角形法 D. 换面法
4. 平行线展开法适用于( )的展开。
A. 圆球 B. 圆锥
C. 斜口圆柱 D. 以上形体均可
5. 放射线法能展开( )。
A. 构件表面汇交于一点的形体 B. 棱线或素线相互交错的形体
C. 棱线或素线相互平行的形体 D. 任意形体

三、作图题(利用尺规作图法作图,保留作图痕迹)

1. 作出所给圆锥的展开图并写出作图步骤。

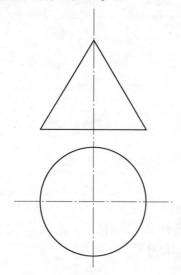

2. 作出所给圆柱体的展开图并写出作图步骤。

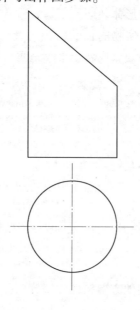

项目七 拔 缘

>
>
> 完成本项目学习后,你应能:
> 1. 指出拔缘的种类及其特点;
> 2. 说明拔缘工艺流程的主要步骤。
>
> **建议学时**
>
> 2 学时。

在板料边缘,利用手工锤击弯曲成弯边的方法称为拔缘。拔缘主要针对环形板料边缘的弯曲部分,分为外拔缘和内拔缘两种形式,如图 7-1 所示为部分板料构件的拔缘情况。拔缘的方法可分为自由拔缘和型胎拔缘两种。

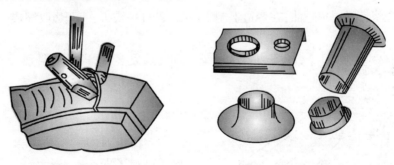

a)搂边　　　　　　　　　　b)部分拔缘加工件图例

图 7-1　拔缘

一、自由拔缘

自由拔缘是利用一般的拔缘工具进行手工拔缘,如图 7-2 所示。自由拔缘方法如下:先划出拔缘标记线,将板件靠在砧座边缘,标记线与砧座边缘靠齐,板料锤击部位与砧座平面形成 30°左右的夹角;锤击伸出部分,使之拉伸并向外弯曲,敲击时用力适当,敲击均匀,并随时转动构件,若凸缘要求边宽或角度大时,可适当增加敲击次数。

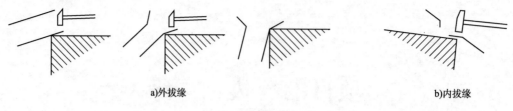

a) 外拔缘　　　　　　　　　　　　b) 内拔缘

图 7-2　自由拔缘

1. 薄板拔缘

（1）计算出坯料直径（坯料计算直径 D 等于零件内腔直径加上两倍拔缘宽度，如图 7-3 所示，浅灰色表示零件内腔直径；黑色表示零件内腔直径加上两倍拔缘宽度）。

（2）在坯料上划出内圆与外圆的分界线（即外缘宽度线），然后按毛坯直径剪切圆坯料，去毛刺，如图 7-4 所示。

（3）在砧座上，按照零件外缘宽度线，用木锤敲击进行拔缘，如图 7-5 所示。

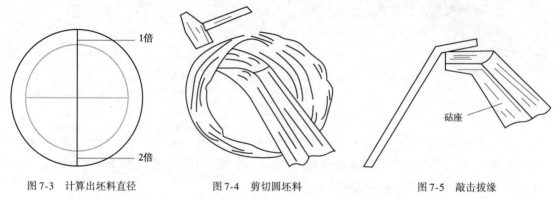

图 7-3　计算出坯料直径　　　图 7-4　剪切圆坯料　　　图 7-5　敲击拔缘

（4）首先将坯料周边弯曲，在弯边上制出皱折，再打平皱折，使弯边收缩成凸边，如图 7-6 所示。

（5）再次起皱折、打平，使弯边再次收缩。如此反复多次，即可获得所需外拔缘件，如图 7-7 所示。

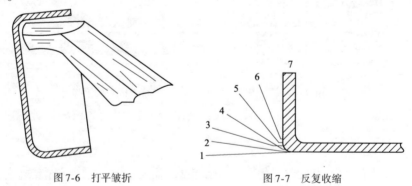

图 7-6　打平皱折　　　　　　图 7-7　反复收缩

2. 圆筒形零件拔缘

圆筒形零件拔缘，如图 7-8 所示，步骤如下：

（1）用钢锉锉光板料边缘毛刺。

（2）划出拔缘的标记线，如图 7-9 所示。

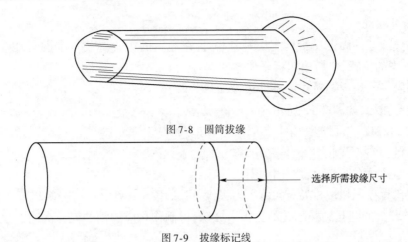

图 7-8 圆筒拔缘

图 7-9 拔缘标记线

(3) 将制件靠在平台或砧座的边棱上,标记线和边棱对齐,使伸出部分与砧座的平面保持 30°左右的夹角,如图 7-10a)所示。

(4) 在砧座上用锤子将标注线处敲打成圆角。敲击用力要适当,击点要均匀,以免产生裂纹,如图 7-10b)所示。

(5) 最后再打平波纹,使弯边收缩,如图 7-10c)所示。

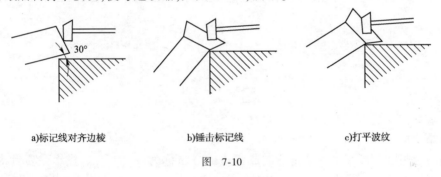

a)标记线对齐边棱　　　　b)锤击标记线　　　　c)打平波纹

图 7-10

二、按型胎拔缘

板料在型胎上定位,按型胎拔缘孔进行拔缘的方式称为按型胎拔缘。按型胎拔缘适合制作口径较小的零件拔缘,可一次成型,如图 7-11 所示。按型胎拔缘分为型胎外拔缘和胎型内拔缘。

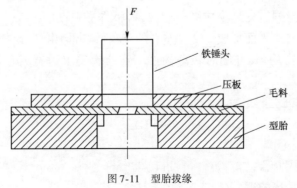

图 7-11 型胎拔缘

1. 型胎外拔缘

(1)将拔缘零件固定在胎具上。固定方法:在坯料的中心焊装一个钢套,以便在型胎上固定坯料拔缘的位置,然后用压板压住零件。

(2)用氧—乙炔火焰对拔缘零件边缘加热。

(3)进行拔缘,如图7-12所示。

2. 胎型内拔缘

(1)下料,并去毛刺。

(2)将零件放在胎模上,用压板压住。

(3)内孔直径不超过80mm的薄板内拔缘,可采用一个圆形木锤一次出弯边,如图7-13所示。对于较大的圆孔和椭圆孔的厚板内拔缘,可制作相应的钢凸模一次冲出弯边。

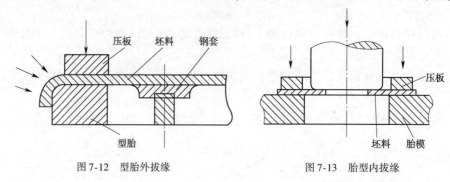

图7-12 型胎外拔缘　　　　图7-13 胎型内拔缘

习　题

一、填空题

1.在板料边缘,利用手工锤击弯曲成弯边的方法称为_____。拔缘主要针对板料边缘的弯曲,分为_____和_____两种形式。

2.在拔缘前将板件边缘打磨光滑,以免在操作时手被_____。

3.在拔缘时,锤击的力度要_____,并且边敲边_____。

4.每一轮敲击时的弯折角度不宜过大,以免出现_____。

二、选择题

1.自由拔缘的方法是:先划出拔缘标记线,将板件靠在砧座　①　,标记线与砧座边缘靠齐,板料锤击部位与座平面形成　②　左右的夹角;锤击伸出部分,使之拉伸并向外弯曲,敲击时用力适当,敲击均匀,并随时转动构件。若凸缘要求边宽或角度　③　时,可适当　④　敲击次数。

①边缘□　　中心□

②15℃□　　18℃□　　30℃□　　45℃□

③大□　　小□

④增加□　　减少□

2.内拔缘时,应选择的锤是(　　)。

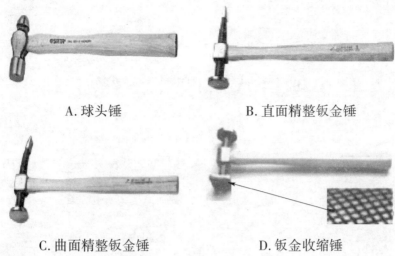

A. 球头锤　　　　　　　　B. 直面精整钣金锤

C. 曲面精整钣金锤　　　　D. 钣金收缩锤

三、问答题

1. 什么是拔缘？

2. 什么是自由拔缘？

3. 写出薄板拔缘的步骤。

项目八　咬　　缝

完成本项目学习后,你应能:
1. 记住咬缝的作用及类型;
2. 认知咬缝的标准工艺流程。

2学时。

咬缝在汽车车身上得到了广泛的应用,在车身的覆盖件上,咬缝涉及整个车身的60%以上,在车门、发动机舱盖、后翼子板、后舱盖等都可以看到咬缝工艺,如图8-1所示。

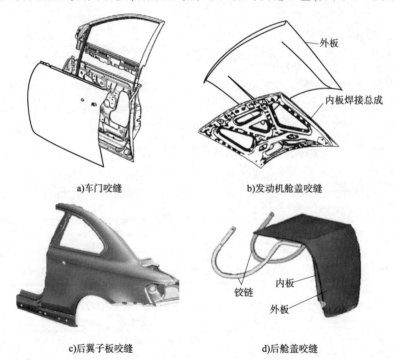

a) 车门咬缝　　　　　　　　b) 发动机舱盖咬缝

c) 后翼子板咬缝　　　　　　d) 后舱盖咬缝

图8-1　咬缝在车身上的应用

咬缝在车身上应用的目的是优化内板与外板的结合,使之更加美观,同时也增加内板与外板结合边缘的强度,使边缘不易变形。

将薄板的边缘相互折转扣合压紧的连接方式称为咬缝,咬缝可将板料连接牢固,可代替焊接、铆接等工艺方法,如图 8-2 所示。

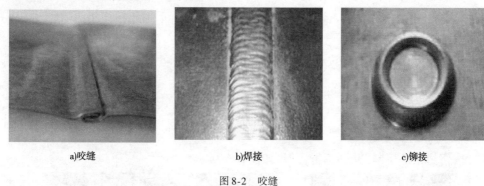

a)咬缝　　　　　　　　b)焊接　　　　　　　　c)铆接

图 8-2　咬缝

一、咬缝的类型

常见的咬缝种类就结构的不同可分为半扣、单扣、双扣及立扣和卧扣,如图 8-3 所示,咬缝的相关计算如下:

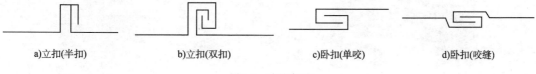

a)立扣(半扣)　　　　b)立扣(双扣)　　　　c)卧扣(单咬)　　　　d)卧扣(咬缝)

图 8-3　咬缝类型

1. 咬缝宽度确定

以 S 表示咬缝宽度,若板料厚在 0.5mm 以下,则 S 为 3~4mm;若板料厚在 0.5~1mm,则 S 为 4~6mm;若板料厚在 1mm 以上时,直接用焊接而不宜咬缝。

2. 卧式咬缝的余量计算

若 A 处在 S 段中间,则板Ⅰ和板Ⅱ的余量 δ 相等($\delta = 1.5S$),若 A 处于 S 段的右侧时,板Ⅰ的余量 $\delta = 2S$;卧扣整咬,若 A 处于 S 段的右侧时,板Ⅰ的余量 $\delta = 2S$,而板Ⅱ的余量 $\delta = 3S$,如图 8-4 所示。

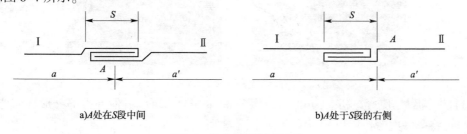

a)A 处在 S 段中间　　　　　　　　b)A 处于 S 段的右侧

图 8-4　卧式咬缝的余量计算

3. 角接咬缝的余量计算

咬缝为单角咬缝时,板Ⅰ的余量 $\delta = 2S$,板Ⅱ的余量 $\delta = S$;当咬缝为单内角咬缝时,板Ⅰ的余量 $\delta = 2S$,板Ⅱ的余量 $\delta = S$,如图 8-5 所示。

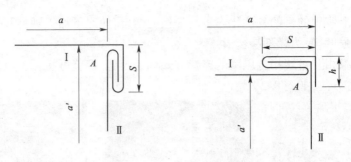

图 8-5 角接咬缝的余量计算

二、咬缝的工艺流程

1. 卧式单扣的工艺过程

（1）按留边尺寸下料，并划出折边线，如图 8-6 所示。

图 8-6 划出折边线

（2）将板料放在方钢上（或角钢上），使折边线对准方钢（或角钢），并将伸出部分按折边线折弯 90°，如图 8-7 所示。

图 8-7 按折边线折弯 90°

（3）翻转板料，使弯边朝上，并伸出台面 3mm，敲击弯边顶端，使伸出部分形成与弯边相反的弯折，将第一次弯边向里敲成钩形，如图 8-8 所示。

（4）与之相接的另一边按照上述方法加工后，将两弯钩扣合，敲击即成咬缝，如图 8-9 所示。

2. 卧式双扣的工艺过程

在板料上按上述方法作出卧式单扣，然后继续向里折弯，翻转板料压紧，如图 8-10 所示。

图 8-8　敲成钩形

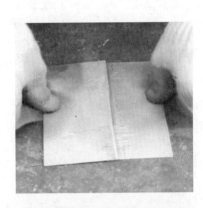

图 8-9　两板扣合敲击

3. 立式半扣的工艺过程

在一块板料上做成单扣,而把另一块板料的边缘弯成直角,然后互相扣合压紧即完成,如图 8-11 所示。

4. 立式双扣的工艺过程

在一块板料上做成双扣,在另一块板料上做成单

图 8-10　卧式双扣

扣,然后互相扣合压紧即可。如图 8-12 所示。

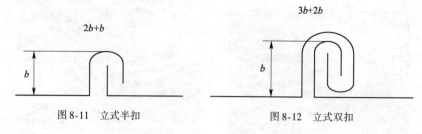

图 8-11　立式半扣　　　　　图 8-12　立式双扣

习　题

一、填空题

1. 咬缝广泛应用在汽车车身上的_____、_____、_____。

2. 咬缝在车身上应用的目的是优化_____与_____结合的美观,同时也增加内板与外板结合边缘的一定_____,使边缘_____。

3. 常见的咬缝种类,就结构的不同可分为_____、_____、_____及_____和_____。

4. 卧式咬缝的余量计算。若 A 处在 S 段中间,则板Ⅰ和板Ⅱ的余量 δ _____,若 A 处于 S 段的右侧时,板Ⅰ的余量_____;卧扣整咬,若 A 处于 S 段的右侧时,板Ⅰ的余量_____,而板Ⅱ的余量_____。

二、名词解释

咬缝：

三、简答题

1. 简述卧式双扣的工艺过程。

2. 简述立式半扣的工艺过程。

3. 简述立式双扣的工艺过程。

项目九　制　　筋

学习目标

完成本项目学习后,你应能:
1. 记住筋线的作用;
2. 正确完成制筋的工艺流程;
3. 正确穿戴个人安全防护。

建议学时

2学时。

在汽车行业中,客车、微型客车、各式轿车的外表多由钣金构件组成。利用金属的塑性变形,将板材加工成所需要的零件称为钣金零件。钣金零件按照材料的种类可分为有色钣金零件和黑色钣金零件;钣金零件按照成型方法又可分为冲压钣金零件和冷作钣金零件。下面主要讨论冷作钣金零件。冷作钣金构件的特点是外形尺寸较大、板料较薄、刚度较差、表面可展开、成型方法简单、精度要求低、互换性差,在生产中手工劳动强度大、对技术水平要求较高。对钣金工来说,凡制造一个钣金构件或物品,总要经过看图选材、划线、下料、成型连接装配和产品校核等一系列的工序,每道工序的做法是否正确,都直接关系到钣金构件制作的成败,所以要引起注意。

车身用金属板材由于厚度较薄,若仅以平面形式使用,刚度低、容易产生凹陷变形和崩弹、影响整体的美观和承载能力。在钣金件表面上制出各种凸筋,可以提高刚度和使用性能、增加美感。筋的横截面一般为圆弧形和三角形。

大量生产时,制筋工艺一般由相应的机器完成,手工制筋适用于单件生产和修配。简易的手工制筋方法有两种:扁冲制筋,见图9-1a);模具制筋,见图9-1b)。

一、扁冲制筋的制作工艺

扁冲制筋:用扁冲和手锤在板材上敲击,使板材延展形成棱线。
(1)在胚料上划出制筋棱线的标记线,如图9-2所示。
(2)在平台上铺一块较厚的橡胶垫(5~10mm),将制件放在橡胶垫上。
(3)操作者手持扁冲对准标记线,锤击扁冲,如图9-3所示。

(4)每冲一次,要沿标记线移动一次扁冲,移动距离不得超过扁冲的宽度,以便冲痕前后衔接,如图9-4所示。

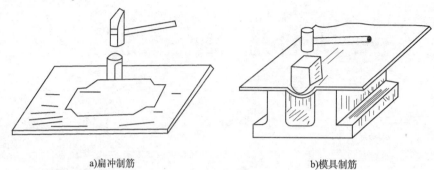

a)扁冲制筋　　　　　　　　b)模具制筋

图9-1　制筋方法

图9-2　划出标记线

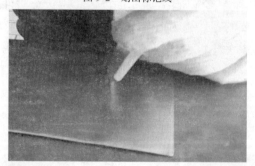

图9-3　锤击扁冲

图9-4　沿标记线移动

(5)沿整个标记线冲压一次后,再重复冲压若干次,直至达到所需要的深度为止,如图9-5所示。

(6)去掉橡胶垫,直接在平台上轻轻冲击一次,使筋棱形成整齐的线条,用木锤将非筋线部分的表面整平即可,如图9-6所示。

图9-5　重复冲压　　　　　　　　　　图9-6　表面整平

二、模具制筋的制作工艺

模具制筋:将板材放在自制的凹模上方,用凸模压入凹模里而形成的棱线。

(1)自制模具,将两块方钢平行地焊在地板上,留出一定的间隙,即成凹模。凹模形成部分的形状和尺寸应与筋截面的形状和尺寸相符。

(2)将金属板材放在凹、凸模之间,对准制筋标记线,一人手持凸模的手柄,另一人用大锤击压凸模顶部。

(3)操作要点与前述用扁冲制筋相同,经几次冲击即可成型。

三、个人安全防护

工作服顾名思义是指工作时穿着的服装,一般由工厂或公司统一发放给职员,见图9-7。

图9-7　工作服

手套:套在手上御寒或保护手的物品(保护手指不受伤),手套的种类很多,根据不同的用途,分为防布手套、棉纱手套、橡胶手套、皮手套等,如图9-8所示。

耳塞、耳罩:可以降低超过64db(分贝)以上的噪声。如果经常身处于高噪声环境下,有可能导致耳聋或严重听觉障碍。在高分贝噪声作业中,须佩戴耳罩,若需有敏捷频繁的头部动作,则可佩戴耳塞,如图9-9a)、图9-9b)所示。

口罩:在钣金作业的过程中,常有切割与打磨作业,会产生较多的粉尘,如果吸入体内,会对人体造成较大的伤害,并且聚集在肺中的粉尘难以排出。所以在作业过程中必须佩戴面罩,如图9-10所示。

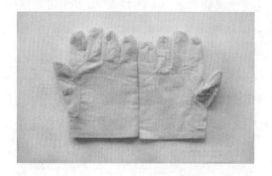 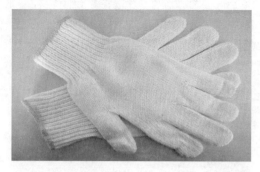

图9-8 手套

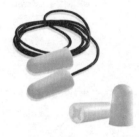 

a)耳塞　　　　　　　　　b)耳罩

图9-9 耳塞与耳罩

图9-10 口罩

护目镜:从事易产生火花、飞尘、飞屑及有害液体飞溅的作业时,须佩戴安全眼镜。安全眼镜能在进行锤击、钻孔、磨削和切削等操作时保护眼睛,如图9-11所示。

图9-11 护目镜

安全鞋:进入维修区,即应穿着安全鞋,安全鞋必须具备防压、防焊渣、防滑及透气等防护功能。优质的安全鞋穿着舒适,并能够在站立和行走中支撑足弓,如图9-12所示。

图 9-12 安全鞋

习 题

一、填空题

汽车车身的筋线有增加_____和增加_____用途。

二、连线题

　　驾驶舱筋线　　

　　　　　　　　发动机舱防火墙筋线

　　驾驶舱和行李舱底板筋线　　

　　　　　　　　左后门框筋线

　　左前门框筋线　　

　　　　　　　　车顶(天窗)筋线

　　　　　　　　门槛筋线　　

　　　　　　　　前纵梁筋线

三、写出下列各防护用品的名称及用途

_____   _____   _____
_____   _____   _____
_____   _____   _____
_____   _____   _____

四、名词解释

1. 扁冲制筋：

2. 模具制筋：

五、简答题

制筋的流程是什么？

项目十 卷边工艺

学习目标

完成本项目学习后,你应能:
1. 记住卷边的作用及类型;
2. 正确使用卷边的标准工艺流程。

建议学时

2学时。

卷边是将板件的边缘卷起来,其目的是增强边缘的刚度和强度。卷边分为夹丝卷边和空心卷边两种。

夹丝卷边一般应用于卷边强度要求较高的零件,而且卷边不易变形;相对而言空心卷边的强度要求较低一些,如图 10-1a)、图 10-1b)所示。

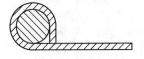
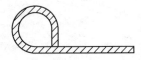

a)夹丝卷边　　　　　　　　　　b)空心卷边

图 10-1　卷边

一、卷边的操作过程

(1)将板料剪切成所需尺寸,如图 10-2a)、图 10-2b)所示。

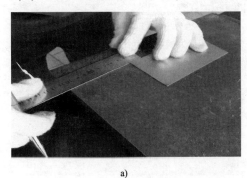

a)　　　　　　　　　　　　　b)

图 10-2　板料剪切

(2)沿边量出2.5倍铁丝直径距离并划线,如图10-3所示。

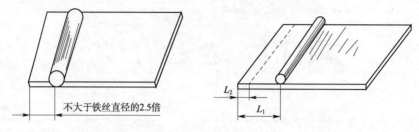

图10-3 划线

(3)将板料按划线折成直角,如图10-4所示。

(4)用钢丝钳剪一段适当长度的铁丝,用木锤在光滑平板上打直丝,如图10-5所示。

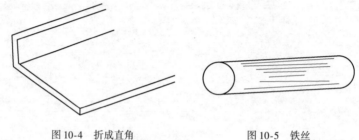

图10-4 折成直角　　　　　图10-5 铁丝

(5)将铁丝放入已折妥的直角边内,如图10-6所示,并用手钳固定铁丝位置,如图10-7所示。

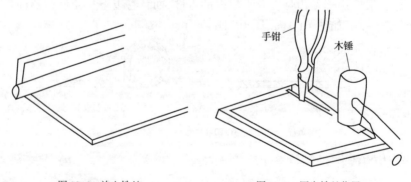

图10-6 放入铁丝　　　　　图10-7 固定铁丝位置

(6)用木锤或铆钉锤锤打板缘包住铁丝,如图10-8所示。

(7)用铆钉锤逐段扣紧成型,如图10-9所示。

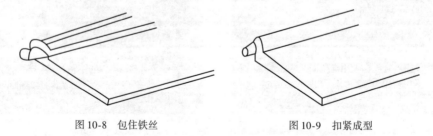

图10-8 包住铁丝　　　　　图10-9 扣紧成型

二、手工卷边的操作过程

(1) 根据计算出的加工余量,在板料上划出两条卷边线,如图10-10所示。

(2) 将板料放在平台(或方铁、轨道等)上,使其 L_2 尺寸长度的1/3露出平台,左手压住板料,右手用木锤或方木敲击露出平台部分的边缘,使其向下弯曲呈85°~90°,如图10-11所示。

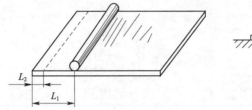

图10-10 计算出的加工余量　　图10-11 敲打边缘

(3) 再将板料向平台外伸弯曲,直至平台边缘对准第二次卷边线为止,即使露出平台部分等于 L_1,并使第一次敲打的边缘靠上平台,如图10-12、图10-13所示。

(4) 将板料翻转,使卷边朝上,轻而均匀地敲打卷边向里扣,使卷曲部分逐渐成圆弧形,如图10-14所示。

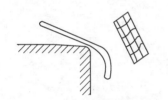
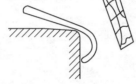
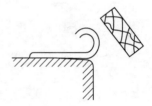

图10-12 外伸弯曲　　图10-13 边缘靠上平台　　图10-14 做成圆弧形

(5) 将铁丝放入卷边内,放入时先从一端开始,以防铁丝弹出,先将一端扣好,然后放一段扣一段,全部扣完后,轻轻敲打,使卷边紧靠铁丝,如图10-15所示。

(6) 翻转板料,将接口靠住平台的边角,使接口咬紧,如图10-16所示。

(7) 手工空心卷边的操作过程与夹丝一样,只是使卷边与铁丝不要压得太紧,以便最后把铁丝抽拉出来,如图10-17所示

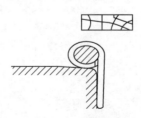
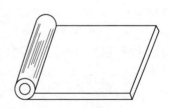

图10-15 卷边紧靠铁丝　　图10-16 咬紧接口　　图10-17 空心卷边

习 题

一、填空题

1. 卷边的目的是_____边缘的_____和_____。

2.卷边分为_____和_____两种。

3.在卷边时要穿戴的个人防护用品有：_____、_____、_____、_____、_____。

4.在卷边时用到的工具设备有：_____、_____、_____、_____、_____。

二、选择题

看图识别，选出正确的答案。

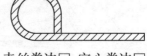

　　　　夹丝卷边□　空心卷边□　　　　夹丝卷边□　空心卷边□

三、简答题

简述手工卷边的标准工艺流程。

项目十一　样板规制作工艺

学习目标

完成本项目学习后,你应能:
1. 能指出样板规的用途及类型;
2. 能叙述说明样板规制作的工艺流程。

建议学时

2学时。

汽车钣金维修是一项精细的工作,因为家用轿车的美观性越来越受到人们的重视。如何修复好汽车的外表件,既需要具有较高的技能水平,同时也需要有较好的检测手段,以便了解钣金维修过程中,哪些没有修复到位、哪些已经过度维修、表面尺寸与原厂尺寸的差距少。现实维修工作中,不同的汽车有不同的外表件,形状各异,而且差别十分明显,很多时候就需要相应的板面样板规,以检测钣金件的损伤及修复效果。那么如何手工制作一个高质量的板面样板规呢?这将是本项目的主要学习内容。

一、板面样板规的种类

不同生产厂家、不同品牌,有多种形式的板面样板规。就其应用范围来说,主要分为两类:一类是厂家生产,带活动块或活动钢丝,可以根据不同外形的外板件,变成不同形状,并保持相应形状的样板规;另一类是技术工人在工作现场,根据不同的维修对象,按照现场的车身蒙皮形状,手工制作的样板规,如图11-1a)、图11-1b)所示。

a) 厂家生产样板规

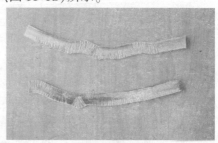
b) 手工制作样板规

图11-1　样板规

以上两类样板规,各有优缺点,各自的应用场合不同。厂家生产样板规,主要有以下优点:使用灵活方便,不费工费时,效率高,可以重复使用,在4S店应用广泛。手工制作样板规成本低廉,可以根据不同场合制作;但制作起来比较麻烦,需要有比较高的技术水平。

二、样板规制作工具

制作样板规主要用到两类工具:手锤和锉刀。

1. 锤类工具(铝合金专用)

手锤主要用于放边和收边作业,通过敲击铝条,对铝条起到收边和放边的作用,从而迫使铝条按期待的形式变形,最终达到所需要的形状,如图11-2所示。

图11-2 鸭嘴锤

鸭嘴锤一端为平面,另一端为鸭嘴形状。平面一端在制作样板规的时候,可以用于大面积的延展放边;鸭嘴一端可以用来精准敲击,起到放边作用。由于在放边的作业过程中,每一次敲击都需要有较大的变形量,但是又要避免将铝条敲裂穿孔,故而需要鸭嘴锤的扁平一侧有足够厚度,以保证铝条不被敲穿,从而获得较好的效果,如图11-3所示。

a)用平面一端进行放边

b)用鸭嘴一端进行放边

c)扁平侧有足够厚度的鸭嘴锤

图11-3 鸭嘴锤应用

2. 锉刀

锉刀表面上有许多细密刀齿、条形,是一种用于锉光工件的手工工具,用于对金属、木料、皮革等表层做微量加工。现代的锉刀一般采用碳素钢经轧制、锻造、退火、磨削、剁齿和淬火等工序加工而成。锉刀用的是T12钢,经表面淬火后硬度较高,如图11-4所示。在制作样板规时,需用锉刀进行锉削,以保证样板规的精度。

三、制作样板规的步骤

样板规的制作需要诸多工序,只有严格按照作业流程制作样板规,才能取得较好的效果、制作出高质量的样板规。样板规制作主要分为:铝条下料、矫直铝条、比对样板、确定敲击部位、放边收边作业、比对样板、精修样板规等环节。

(1)根据测量所需的长度,对铝条下料,如图11-5所示。

图11-4 普通锉刀组件

(2)比对样板,确定变形点,如图11-6所示。

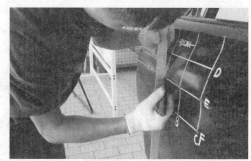

图11-5 铝条下料　　　　图11-6 比对样板

(3)在铝条上划出90°的角,以确定敲击部位,如图11-7所示。

(4)敲击直角内的部分,使铝条弯曲,如图11-8所示。

图11-7 划线确定敲击部位　　　　图11-8 放边作业

(5)反复敲击,比对样板规和板件的弧度,对样板规进行修整,如图11-9所示。

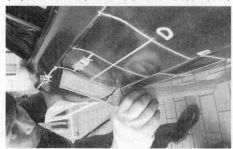

图11-9 重新比对样板规,修整样板规

(6) 对样板规精修调整,使样板规形状尺寸和板件弧度一致,如图 11-10 所示。

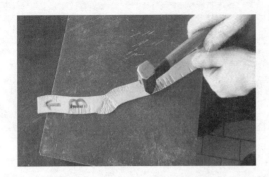

图 11-10　精整样板规尺寸

(7) 完成样板规并标记样板规的位置,如图 11-11 所示。

图 11-11　标记样板规位置

习　题

一、填空题

1. 在维修钣金件时,一般采用的_____、_____、_____三种测量方法。
2. 汽车样板规,由于_____、_____,有多种形式的样板规。
3. 汽车样板规一般有_____种,它们分别是:
4. 汽车样板规制作需选择的工具是_____、_____。
5. 写出实操时所提供的工具设备名称:_____等。

二、选择题

1. 制作样板规时,选择的板材是(　　)。
　　A. 铝条　　　　　　　　B. 铁条
2. 样板规制作实操时,应选择的防护有(　　)。
A. 工作服　　　B. 防静电工作服　　　C. 护目镜　　　D. 焊接面罩
E. 防毒面罩　　F. 安全鞋　　　　　　G. 防尘口罩　　H. 焊接围裙
I. 耳塞　　　　J. 棉纱手套　　　　　K. 耐溶剂手套

3. 我们实训时制作的样板规是(　　)。

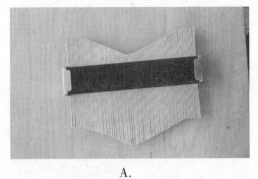

A.

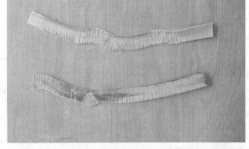

B.

三、连线题

将样板规的制作步骤与图片对应连线。

①
②
③
④
⑤
⑥
⑦

项目十二 车身连接方式

学习目标

完成本项目学习后,你应能:
1. 能列举可拆卸和不可拆卸连接的类型;
2. 能说明各种连接的用途及特性。

建议学时

2学时。

汽车车身是由许多构件连接而成的,按照连接的性质可以分为两类连接方式,即可拆卸连接和不可拆卸连接。

一、可拆卸连接

可拆卸连接按照使用的连接件和连接方法可分为螺纹连接、卡扣连接、铰链连接等。

1. 螺纹连接

螺纹连接有下列几种方式:

(1)螺栓螺母连接,如图12-1所示。

(2)螺栓焊接螺母连接,如图12-2所示。

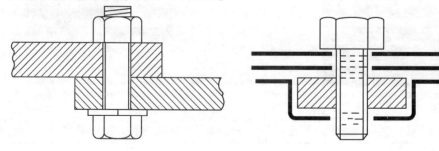

图12-1 螺母连接　　　　　图12-2 焊接螺母连接

(3)螺钉卡扣连接,如图12-3所示。

(4)自攻螺钉连接,如图12-4所示。

2. 卡扣连接

卡扣连接用来安装室内装饰件、装饰条、外部装饰件、线路等。常用的卡扣,如图12-5

所示。

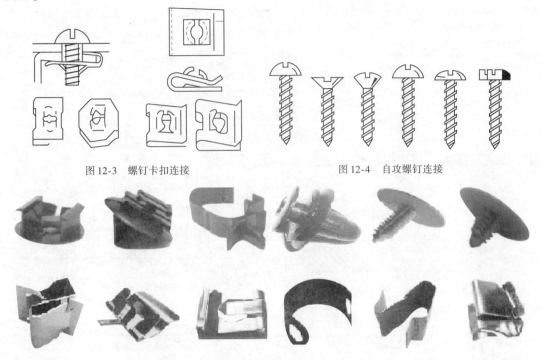

图 12-3　螺钉卡扣连接　　　　　图 12-4　自攻螺钉连接

图 12-5　内装饰件、装饰条、外部装饰件、线路卡扣

3. 铰链连接

铰链用来连接可转动的构件,如车门、发动机舱盖、行李舱盖等,如图 12-6 所示。

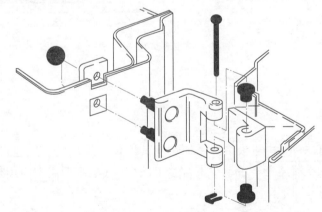

图 12-6　铰链连接

二、不可拆卸连接

不可拆卸连接有折边连接、铆钉连接、黏结连接、焊接连接等多种方式。

1. 折边连接

折边连接如图 12-7 所示,用来连接车门内外板、发动机舱盖内外板、行李舱盖内外板等。

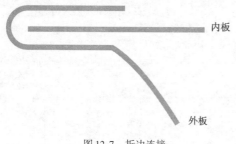

图12-7 折边连接

2. 铆钉连接

铆钉连接用来连接车身上不同材料(当使用其他方式不能有效连接时),或者用来连接铝、镁或塑料车身,如图12-8所示。

3. 黏结连接

黏结连接主要用于车身需要密封的板件,如一些车身大面积面板、铝车身板件、塑料车身件等。黏结连接一般不单独使用,而是配合螺栓、铆接、电阻点焊、折边连接等方式一起进行,如图12-9所示。

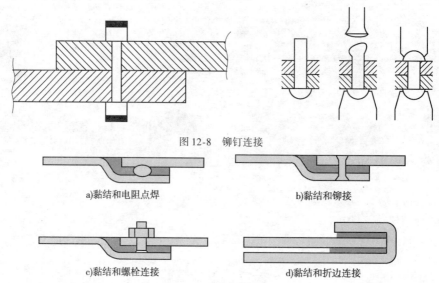

图12-8 铆钉连接

a)黏结和电阻点焊　　b)黏结和铆接

c)黏结和螺栓连接　　d)黏结和折边连接

图12-9 黏结连接的不同方式

4. 焊接连接方式

焊接连接是指对需要连接的金属板件加热,使它们共同熔化,最后结合在一起的方式。焊接有压焊、熔焊、钎焊等种类。

1)压焊

压焊如图12-10所示,用电极给金属加热使其熔化并加压使金属连接。在各种压焊方法中,电阻点焊是汽车制造业不可缺少的焊接方法,在汽车修理业中应用很多,其中包含了电阻点焊、凸焊、缝焊。

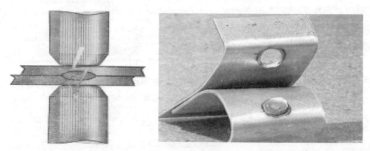

图12-10 压焊连接

2)熔焊

熔焊是指焊接过程中,将焊接接头在高温等的作用下至熔化状态,如图12-11所示。由于被焊工件是紧密贴在一起的,在温度场、重力等的作用下,不加压力,两个工件熔化的熔液会发生混合现象。待温度降低后,熔化部分凝结,两个工件就被牢固地焊在一起。熔焊包括电弧焊、气体保护焊、氧—乙炔焊等。

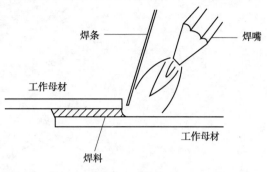

图12-11 熔焊连接

3)钎焊

钎焊是指将比母材熔点低的钎料和母材一同加热,使钎料熔化(焊件不熔化)后润湿并填满母材连接的间隙,钎料与母材相互扩散形成牢固连接的方法,如图12-12～图12-14所示。根据钎焊材料的温度,可分为软钎焊和硬钎焊(软钎焊焊接温度小于460℃、硬钎焊焊接温度大于460℃、大于900℃的是高温钎焊)。

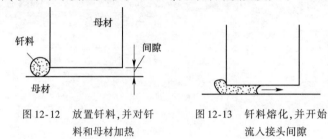
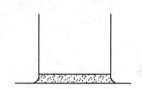

图12-12 放置钎料,并对钎料和母材加热   图12-13 钎料熔化,并开始流入接头间隙   图12-14 钎料填满间隙,凝固后形成钎焊接头

习　题

一、填空题

1. 汽车车身是由_____连接而成的,按照_____可以分为两类连接方式,即可拆卸连接和不可拆卸连接。

2. 可拆卸连接按照使用的连接件和方法可分为_____、_____、_____。

3. 卡扣连接方式用来安装_____、_____、_____、_____等。

4. 铰链连接用来连接可转动的构件,如_____、_____、_____等。

5. 不可拆卸连接有_____、_____、_____、_____等多种方式。

二、看图填空

选择正确的连接方式,并写出名称。

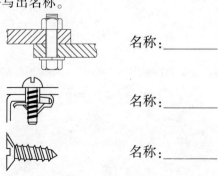

名称:_____

名称:_____

名称:_____

可拆卸链接　　　　　　　　　　　　　　　　　名称:_____

　　　　　　　　　　　　　　　　　　　　　　　名称:_____

　　　　　　　　　　　　　　　　　　　　　　　名称:_____

不可拆卸连接　　　　　　　　　　　　　　　　名称:_____

　　　　　　　　　　　　　　　　　　　　　　　名称:_____

　　　　　　　　　　　　　　　　　　　　　　　名称:_____

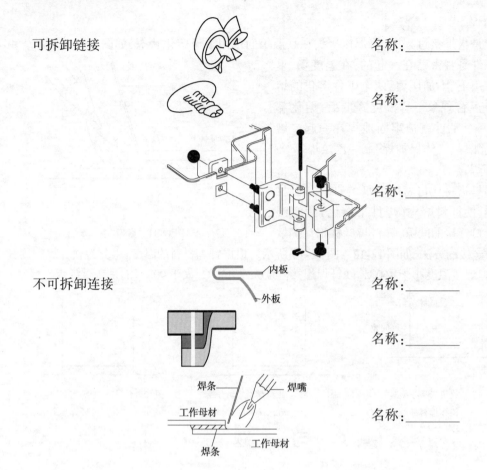

项目十三　电弧焊工艺

> **学习目标**
>
> 完成本项目学习后,你应能:
> 1. 知道电弧焊的原理以及优缺点;
> 2. 能够独立进行电弧焊的引弧作业;
> 3. 能够独立进行电弧焊的运条作业;
> 4. 知道焊条电弧焊的焊接方式分类。
>
> **建议学时**
>
> 2学时。

把要焊接的金属作为一极,焊条作为另一极,两极接近时产生电弧,使金属和焊条熔化的焊接方法叫作电弧焊接,又称电焊或者焊条电弧焊。汽车车身修复中,电弧焊主要用在车身地板的焊接。

一、电弧焊

1. 焊机结构

焊机主要由主机部分、辅机部分以及其他系统三部分组成。主机部分又可以分为机座、活动机架、固定机架、出口夹钳组成电极、入口夹钳组成电极、出入口对中装置、入口活动机架钳口高度调整机构、锻压推进及调整机构等,如图13-1所示。而辅机部分又包括电极清扫装置、出入口对中装置、冲边月牙剪、焊缝刨光机、焊缝牵引装置等。其他系统主要包括气动系统、液压系统、电气控制系统、冷却系统等。

2. 电弧焊原理

电焊机是将电能转换为焊接能量的焊机,如图13-2所示。电焊机是利用正负两极在瞬间短路时产生的高温电弧来熔化焊条上的焊料和被焊材料,来达到使它们结合的目的。电焊机按输出电源可分为两种,一种是交流电源、一种是直流电源。

图13-1　电弧焊焊机的结构

3. 电弧焊操作安全

电弧焊作业时(图 13-3),可能会产生火花、飞溅、高温,这些都会对工作人员会产生一定的伤害,所以在操作时必须按照以下规程进行作业。

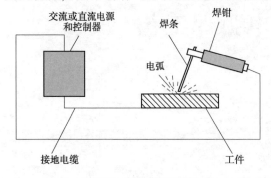

图 13-2 电弧焊的原理图

图 13-3 电弧焊作业图

(1)工作前,应先检查电焊机和工具是否安全,不允许未进行安全检查就开始操作。特别是应检查焊机外壳接地、接零是否安全可靠。

(2)认真检查焊接电缆是否完好,有无破损、裸露,无问题后才能使用,如发现电缆线损坏,应立即进行修理或更换。

(3)电焊设备接通电源后,人体不应接触带电部分。检修工作应在切断电源后进行。

(4)工作时,应穿棉白帆布或其他不易燃的工作服,戴焊工手套。工作服要扣好纽扣,不要束在裤子里,口袋应盖好。在仰焊时,焊工应在颈部围毛巾,穿着用防燃材料制成的护肩、长套袖、围裙和鞋盖。必须使用合格的焊接防护面罩,并配有合适的护目镜片。

(5)焊接时,应注意不要超负荷使用焊机(即焊接电流过大、焊接时间过长),以免焊机过热,发生火灾。

(6)焊接工作地点应有遮光板,以避免其他人员受到弧光伤害。

(7)焊接作业场所必须有良好的通风条件和设施。

(8)工作过程中,不得随意移动焊机、改变焊机接头,如发现故障应立即切断电源,并通知电工来排除故障。

(9)焊钳应有可靠的绝缘,中断工作时,焊钳要放在安全的地点,防止焊钳与焊体之间产生短路而烧坏焊机。

(10)更换焊条时,不仅应戴好手套,而且应避免身体与焊件接触。

(11)弧焊设备的初接接线、修理和检查应由电工进行,焊工不得私自随便拆修。

(12)弧焊设备的外壳必须接零或接地,而且接线应牢靠,以免由于漏电而造成触电事故,接地线不得裸露。

(13)推拉电源闸刀时,应戴好干燥的手套,面部不要面对闸刀,以免推拉时,可能发生电弧花而灼伤脸部。

(14)在潮湿的地点工作时,应用干燥的木板或橡胶片等绝缘物作为垫板,阴雨天严禁室外作业。

(15)工作地周围应放置遮光屏,以免扰乱及损伤周围其他工作人员。

(16)焊接区10m内不得堆放易燃、易爆物,注意红热焊条头的堆放。

(17)风力六级以上的天气,不得露天作业。

(18)焊接完毕后应关闭焊机,如焊机温度过高时,应打开风扇冷却,但下班前必须关闭焊机及各级电源。

(19)工作完毕后,应仔细清理和检查现场,消除火种,防止留下事故隐患。焊接作业现场应备有消防器材。

二、引弧

1. 引弧分类

电弧焊开始时,引燃焊接电弧的过程称为引弧。引弧的方法包括两类,分别是不接触引弧和接触引弧。不接触引弧是指利用高频电压使电极末端与焊件间的气体导电产生电弧。焊条电弧焊很少采用这种方法。接触引弧时先使电极与焊件短路,再拉开电极引燃电弧。根据操作手法不同又可分为敲击法和划擦法两种。

1)敲击法

使焊条与焊件表面垂直地接触,用焊条的末端与焊件的表面轻轻一碰,之后便迅速提起焊条并保持一定的距离,此时即引燃电弧。操作时焊工必须掌握好手腕上下动作的时间和距离。

2)划擦法

先将焊条末端对准焊件,然后将焊条在焊件表面划擦一下,当电弧引燃后趁金属还没有开始大量熔化的一瞬间,立即使焊条末端与被焊表面的距离维持在2~4mm的距离,电弧就能稳定地燃烧。如果焊条和焊件粘在一起,只要将焊条左右摇动几下,就可脱离焊件,如果这时还不能脱离焊件,就应立即将焊钳放松,使焊接回路断开,待焊条稍冷后再拆下。如图13-4所示就是焊条引弧的两种方法。

2. 引弧应用

由于引弧端温度较低,熔深较浅,易产生未焊透。酸性焊条接引弧时可稍将电弧拉长,对坡口根部进行预热,然后压低电弧进行正常焊接。碱性焊条则由于药皮特性

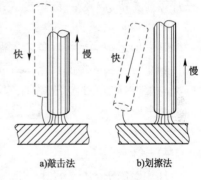

图13-4 焊接引弧的方法

对根部熔透有利,不需采用酸性焊条的引弧方式,但不要直接引弧,应在坡口前端一距离引弧后,迅速拉回起焊端,并压低电弧进行焊接。

3. 引弧操作的注意事项

(1)采用划擦法运条比较容易掌握,如果操作时焊条上拉太快或提得太高,都不能引燃电弧或电弧只燃烧一瞬间就熄灭。相反,动作太快则可能使得焊条与焊件粘在一起,造成焊接回路短路。

(2)引弧时如果焊条粘住焊件,应立即将焊钳放松。若短路时间过长,短路电流过大会烧坏焊机。

三、电弧焊运条

1. 焊条的运动

在电弧焊焊接时,焊条应有三个基本运动,如图13-5所示。

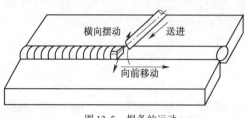

图13-5 焊条的运动

(1)焊条向下送进,送进速度应与焊条的熔化速度相等,以便弧长维持不变。

(2)焊条沿焊接方向向前运动,其速度也就是焊接速度。

(3)横向摆动,焊条以一定的运动轨道周期地向焊缝左右摆动,以获得一定宽度的焊缝。

这三个运动结合起来称为运条。

2. 运条方法

1) 直线形运条法

直线形运条法在焊接时,保持一定的弧长,并沿焊接方向做不摆动的前移。由于焊条不做横向摆动,电弧较稳定,所以能获得较大的熔深,但焊缝的宽度较窄,一般不超过焊条直径的1.5倍,所以这种方法适用于板厚3~5mm的不开坡口对接平焊、多层焊的第一道和多层多道焊。

2) 直线往复形运条法

直线往复形运条法是焊条末端沿焊缝的纵向做来回直线形摆动,这种运条方法的特点是焊接速度快、焊缝窄、散热也快,所以适用于薄板焊接和接头间隙较大的焊缝。

3) 锯齿形运条法

锯齿形运条法是将焊条末端做锯齿形连续摆动而向前移动,并在两边稍停片刻,停留时间视操作时的实际情况而定,以防止咬边为宜。摆动的主要目的是为了控制焊缝熔化金属的流动和得到必要的焊缝宽度,以获得较好的焊缝成型。由于这种方法容易操作,所以在实际生产中应用较广,多用于较厚钢板的焊接,其具体应用范围是平焊、立焊、仰焊的对接接头和立焊角接接头。

4) 月牙形运条法

月牙形运条法在生产上的应用也比较广泛,采用这种方法时,使焊条末端沿着焊接方向做月牙形的左右摆动,摆动的速度要根据焊缝的位置、接头形式、焊缝宽度和电流大小来决定。同时,还要注意在两边的适当位置做片刻停留,这是为了使焊缝边缘有足够的熔深,并防止产生咬边现象。月牙形运条法的适用范围和锯齿形运条法基本相同,不过用它焊出来的焊缝加强度较高。这种运条方法的优点是母材金属熔化良好,有较长的保温时间,容易使气体析出,熔渣易浮到焊缝表面上来。所以对提高焊缝质量有好处。

5) 三角形运条法

三角形运条法是焊条末端做连续的三角形运动,并不断向前移动,根据它的适用范围不同,基本上可以分为两种形式,斜三角形运条法和正三角形运条法。其中,斜三角形运条法适用于焊接T形接头的仰焊缝和有坡口的横焊缝。它的优点是能够借焊条的摆动来控制熔化金属,促使焊缝成型良好。而正三角形运条法适用于开坡口的对接接头和T形接头立焊它的特点是一次能焊出较厚的焊缝断面,焊缝不易产生夹渣等缺陷,有利于提高生产率。

6)圆圈形运条法

圆圈形运条法是焊条末端连续做圆圈运动,并不断前移,根据它的适用范围不同,基本上可以分为两种形式,斜圆圈形运条法和正圆圈形运条法。其中,正圆圈形运条法,只适用于焊接较厚工件的平焊缝。它的优点是能使熔化金属有足够高的温度,促使溶解在熔池中的氧、氮等气体有机会析出,同时便于熔渣上浮。而斜圆圈形运条法,适用于平、仰位置的T形接头焊缝和对接接头的横焊缝。它的特点是有利于控制熔化金属不受重力的影响而产生下淌现象,有助于焊缝成型。图13-6所示为各种运条方法。

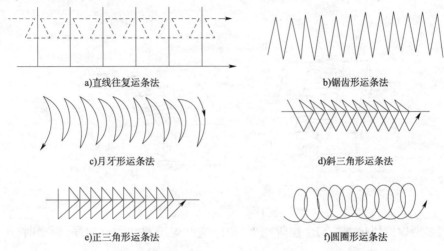

图13-6 各种运条方法

四、电弧焊平焊

1. 手工电弧焊的基本工艺

(1)在焊接前清理焊接表面,以免影响电弧引燃和焊缝的质量。

(2)准备好接头形式(坡口形式)。

坡口的作用是使焊条、焊丝或焊炬(气焊时喷射乙炔—氧气火焰的喷嘴)能直接伸入坡口底部以保证焊透,并有利于脱渣和便于焊条在坡口内做必要的摆动,以获得良好的熔合。

坡口的形状和尺寸主要取决于被焊材料及其规格(主要是厚度)以及采取的焊接方法、焊缝形式等。

2. 手工电弧焊坡口对接平焊

坡口有V形和X形,采用多层焊法和多层多道焊,如图13-7和图13-8所示。多层焊时,第一层打底焊道应采用小直径焊条,运条方法应根据间隙的大小而定。间隙小时可用直线运条法,间隙大时应用直线往复式运条法,以防烧穿。第二层焊道,可用直径较大的焊条,采用直线形或小锯齿形运条法,进行短弧焊。以后各层均可用锯齿形运条法,而且摆动范围要逐渐加宽,摆动到坡口两边时,应稍作停留,防止出现熔池不良、夹渣等缺陷。多层焊时,应注意每层焊缝不能过厚,否则会使焊渣流向熔池前面造成焊接困难。各层之间的焊接方向应相反,其接头也应相互错开,每焊完一层焊缝,要把表面焊渣和飞溅等物清除干净后才能焊下一层,以保证焊缝质量和减小变形。

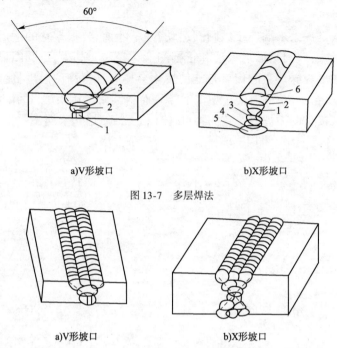

a) V形坡口　　　　　　b) X形坡口

图13-7　多层焊法

a) V形坡口　　　　　　b) X形坡口

图13-8　多层多道焊法

多层多道焊的焊接方法与多层焊相似,但应选好焊道数和焊道顺序,焊接时,采用直线运条法。

3. 手工电弧焊角接平焊

(1) 角接平焊形成角焊缝,如图13-9所示。角焊缝按焊脚尺寸(在角焊缝中画出的最大等腰三角形直角边的长度)的大小采用单层焊、多层焊和多层多道焊。当焊脚尺寸小于6mm时的角焊缝采用单层焊,采用直径为4mm的焊条;焊脚尺寸为6~8mm时,用多层焊,采用直径为4~5mm的焊条;焊脚尺寸大于8mm时采用多层多道焊。焊条直径的选择,一般焊脚尺寸小于14mm,采用直径4mm的焊条;焊脚尺寸大于14mm,采用直径5mm的焊条,便于操作并提高生产率。

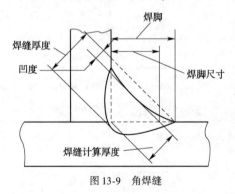

图13-9　角焊缝

(2) 角接平焊多层多道焊,在焊接第一道焊缝时,应用较大的焊接电流,以得到较大的熔深;焊第二道焊缝时,由于焊件温度升高、应用较小的电流和较高的焊接速度,以防止垂直板产生咬边现象。

(3) 角接平焊焊条的角度随每一道焊缝的位置不同而有所不同,如图13-10所示。角接平焊的运条手法,第一层(打底焊)一般不做横向摆动,可以采用圆圈形、三角形、锯齿形和直线运条法。

(4) 在进行角接平焊的实际生产中,如焊件能翻动,应尽可能把焊件放在船形位置进行焊接,如图13-11所示。船形位置焊接可避免产生咬边等缺陷,焊缝平整美观,有利于使用大直径焊条和用大的焊接电流,提高生产率。运条手法可用月牙形或锯齿形。

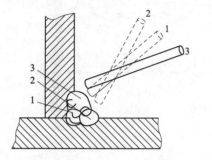
图 13-10　角接平焊不同的位置

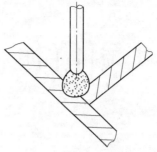
图 13-11　船形位置焊接

习　　题

一、填空题

1. 焊工护目玻璃号数越大,则色泽越_____。选填:深、浅。
2. 根据焊缝倾角和焊缝转角的不同,焊接位置可分为_____、_____、_____和_____四种。

二、判断题

1. 当代车身上用的焊接方式有电阻点焊、二氧化碳气体保护焊、电弧焊和钎焊。(　　)
2. 车身的装饰性部件可以使用氧—乙炔焊或二氧化碳气体保护焊进行焊接。(　　)
3. 熔焊是通过电弧或火焰等方式将金属件加热到熔点,使它们熔化连接在一起。
(　　)
4. 不论哪种焊接方法,焊接之前的焊接部位清洁非常重要,否则会影响焊接强度。
(　　)
5. 焊接电流减小会使熔深增加,导致熔穿。(　　)

项目十四　电阻点焊工艺

学习目标

完成本项目学习后,你应能:
1. 理解电阻点焊的原理;
2. 指出车身维修中电阻点焊的运用;
3. 能够独立进行电阻点焊并对焊接结果进行检验。

建议学时

2学时。

一、概述

点焊是一种高速、经济的连接方法。在汽车维修中也是用得最多的焊接方式,图14-1就是一个维修厂中用得比较多的电阻点焊机。

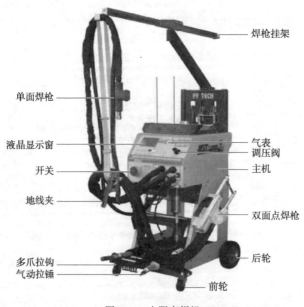

图14-1　电阻点焊机

二、电阻点焊的特点

电阻点焊是汽车制造厂在流水线上对整体式车身进行焊接时最常用的焊接方式。在整体式车身上进行的焊接,有90%~95%都采用电阻点焊。图14-2是汽车生产过程中电阻点焊的位置。

当我们在修理大量采用高强度钢和超高强度钢的车身时,要求采用电阻点焊机进行焊接修理。在使用电焊设备时,操作者必须选择合适的加长臂和电极,以便到达需要焊接的部位。采用挤压式电阻点焊机继续进行焊接时,应适当调整对金属板的夹紧力。在一些设备上,可以同时调节电流强度和焊接时间。调整完毕后,将电焊机定位在需要焊接的金属板处,一定要使电极的极性彼此相反,然后触发开关,开始进行点焊。

图14-2 汽车在制造厂中电阻点焊的位置图

在进行焊接之前,要先查阅汽车制造厂提供的修理说明书。更换车身上的各种面板和内部板件时,所有焊接接头的大小应和原来制造厂的焊接接头相类似。除电阻电焊外,更换零件后的焊接接头数量应和原来的焊接接头数量相等。强度和耐久性需要根据焊接到车身上的零部件位置决定。根据功用、物理性能和在车身上的位置等因素,汽车制造厂都规定了修理中各部件最佳的焊接方法。

车身修理中所用的电阻点焊机通常是指需要在金属板的两边同时进行焊接的设备(双面点焊设备),而不是指那种从同一边将两块金属板焊接起来的点焊机(单面点焊设备)。双面点焊用于结构性部件的点焊,而单面点焊的强度比较低,一般只能用于外部装饰型面板的焊接。

电阻点焊过程中产生的热量少,对板件影响小,可以进行快速、高质量的焊接,对操作者的要求也比较低。

电阻点焊机适用于焊接整体式车身上要求焊接强度好、不变形的薄形零部件,如车顶、窗洞和门洞、门槛板以及许多外部壁板等部件。使用电阻电焊机时,修理人员必须知道如何调整焊机、如何进行试焊和焊接。

三、点焊过程(焊接循环)

点焊过程由四个基本阶段组成,如图14-3所示。

(1)预压阶段:将待焊的两个焊件搭接起来,置于上、下铜电极之间,然后施加一定的电极压力,将两个焊件压紧。

(2)焊接时间:焊接电流通过工件,由电阻热将两工件接触表面加热到熔化温度,并逐渐向四周扩大形成熔核。

(3)维持时间:当熔核尺寸达到所要求的大小时,切断焊接电流,电极压力继续保持,熔核在电极压力作用下冷却结晶形成焊点。

(4)休止时间:焊点形成后,电极提起,去掉压力,到下一个待焊点的工件被压紧。休止时间只适用于焊接循环重复进行的场合。

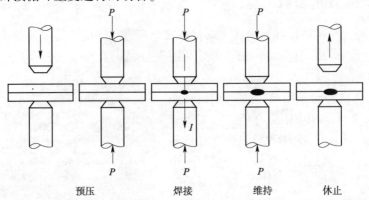

图 14-3 电阻点焊的四个循环

为了提高焊点的物理和化学性能,可以在基本焊接循环中加入下列其中之一或多个过程:

(1)预压力使电极和工件紧密、贴合。
(2)预热来降低工件上开始焊接时的温度梯度。
(3)顶锻力压实熔核,防止产生裂纹和缩孔。

四、电阻点焊的原理

电阻点焊是用电极臂传递低电压、高电流的电量,结合铁板间(间隙)的高电阻使之产生高热,并加以压力使之结合。图 14-4 为电阻点焊的原理图。

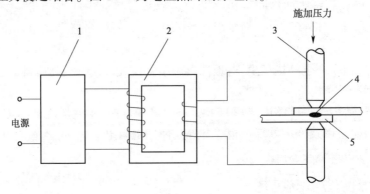

图 14-4 电阻点焊原理
1-电流及时间控制器;2-变压器;3-铜合金电极;4-焊点熔核;5-焊件

1. 焊接热量的产生

点焊时产生的热量由下式决定:

$$Q = I^2 RT$$

式中:Q——产生的热量(J);
　　　I——焊接电流(A);
　　　R——电极间电阻(Ω);
　　　T——焊接时间(S)。

2. 焊接热量的影响因素

1) 电流的影响

由公式可知,电流对产热的影响比电阻和时间的影响都大,在点焊过程中它是一个必须严格控制的参数。过大的焊接电流会引起飞溅(产生内部孔洞)、焊接裂纹、压痕过深等缺陷,并导致接头强度下降,引起电极过热,加速电极损坏。由图14-5和图14-6可以看出电流大小对焊接的影响。

图14-5 电流大对焊接的影响　　图14-6 电流大对焊接的影响

2) 焊接时间的影响

焊接时间对焊点强度影响与焊接电流的影响类似,如图14-7和图14-8所示。为了保证熔核尺寸和焊点强度,焊接时间与焊接电流在一定范围内可以互为补充。为了获得一定强度的焊点,可以采用大电流和短时间,也可以采用小电流和长时间。选取的原则取决于金属的性能、强度和焊机的功率。

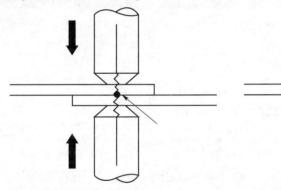
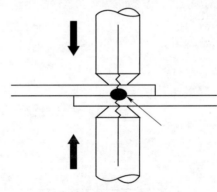

图14-7 时间短热量不足　　图14-8 时间长焊件过熔

3) 电极压力影响

电极压力影响接触电阻,进而影响接头强度。随着电极压力的增大,接触电阻减小,此时焊接电流虽略有增大,但不能补偿由于接触电阻减小而引起产热的减小。因此,焊点强度总是随着电极压力的增大而减小。为保证焊点强度不变,在增大电极压力的同时,应增大焊接电流和延长焊接时间。采用这种焊接条件有利于提高焊点强度的稳定性,电极压力过小,将引起飞溅,也会使焊点强度降低。

如果要获得良好的焊接结果,需要配合的因素很多,特别是加压力、焊接电流、通电时间,对焊接结果影响最大,以上三项称为电阻点焊的三条件。另外,电极头的状态、母材的状态等,对焊接质量也有影响。

焊接前应检查:电极的矫正、电极的质量、合适的焊接电流强度、焊接时间、焊接臂压力、准备试焊金属片。

五、点焊缺陷的原因分析

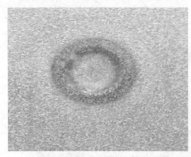

图14-9　标准焊点

1. 点焊的品质

在进行电阻点焊操作时,母材被电极局部加压,大量的电流即传入母材,由于电阻使母材发热而熔融,经由电极持续加压母材,并使熔化的母材冷却而形成焊点。在焊接结束之后,一个完美的焊点中心应是银色的,周围有一个小的蓝色的外部圈。图14-9就是一个标准的焊点。

但如果设备调节、各种焊接母材处理不到位,就会出现焊接的缺陷。例如图14-10所示的几个焊点。

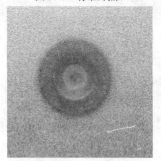

a)焊接时间太长

b)焊机的电极不够清洁

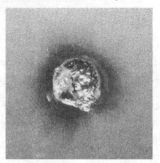

c)焊接时电极之间的压力太小

图14-10　不标准的焊点

2. 缺陷分析

对于焊接之后的产品,可对照表14-1进行检查分析。

点焊的缺陷以及原因分析　　　　表14-1

缺陷	示意图	原因
焊点剥离		因为焊接条件不良、点焊不完整,或因未通电而没有完成点焊结合
焊点局部脱出		板件搭合不良,焊点局部脱落
点焊凹孔		焊接条件不良,点焊飞溅形成凹孔
点焊落空		因焊接位置滑脱使点焊落空,而没有完成点焊接合

续上表

点焊凹陷		焊接条件不良,焊点凹陷深刻
点焊波痕		板件搭合不良、斜放点焊,使焊点周围起波痕不平的现象
点焊毛边		焊点处形成的焊渣毛边
点焊半点		只点焊到结合凸缘边端
点焊挤出		焊点太靠近板缘,使得焊点向板缘挤出
点焊裂痕		因为焊接条件不良,使焊点产生裂痕

习　题

一、填空题

1. 加压力、_____、_____,对焊接结果影响最大,此称为电阻点焊的三条件。
2. 给下图里面技师的动作命名:

a)

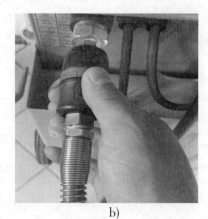
b)

3. 阻点焊在焊接的时候_____有/无_____焊接填充材料。

二、选择题

1. 使用电阻点焊焊接钣金件时,电极头大小的选择依据是(　　)。

A. 焊接压力 B. 板件的厚度
C. 焊接电流 D. 焊接电压

2. 双面电阻点焊机为何要添加指定的冷却液？（　　）
A. 防止机器温度过高 B. 防止室温过低，冷却液结冰
C. 冷却液的腐蚀性较水为低 D. 以上皆是

3. 电阻点焊的焊接强度（　　）受热范围（　　）金属（　　）变形。
A. 高；小；不易 B. 低；大；容易
C. 高；大；不易

4. 电阻点焊的优点是（　　）。
A. 焊接成本低 B. 会产生大量的烟雾和蒸气
C. 焊接强度低，受热的范围大

5. 电阻点焊机的调整不包括（　　）。
A. 电压的调节 B. 机器品牌的调整
C. 焊接时间 D. 压力大小的调整

三、判断题

1. 电阻点焊属于熔焊。（　　）
2. 在进行电阻点焊的时候，电流越大越好。（　　）
3. 为了获得一定强度的焊点，可以采用大电流和短时间（强规范），也可以采用小电流和长时间（弱规范）。（　　）
4. 焊点强度总是随着电极压力的增大而减小。（　　）
5. 钣金件在进行焊接实施之前，需要进行试焊和质量检验。（　　）

四、简答题

1. 给下面的流程按照标准流程进行排序：
①试焊（板材一致）、破坏性检验
②板件处理（整平、打磨、清洁、锌喷剂、固定）
③准备设备工具
④安全防护
⑤5S
⑥焊接（三要素）
⑦效果评估
你的排序是＿＿＿＿＿＿＿＿＿＿。
你在实操时候是否按照这个顺序？原因是什么？

2. 电阻点焊的优缺点分别是什么？

项目十五　塑料焊接工艺

学习目标

完成本项目学习后,你应能:
1. 准确说出塑料的种类;
2. 知道塑料焊接工艺。

建议学时

2学时。

一、塑料的分类及应用

塑料是汽车上应用最广泛的轻质材料,它是以合成树脂为基体,加入不同的添加剂并在一定的温度、压力的作用下,塑造成各种形状制品的高分子材料。塑料的种类繁多,按热性能分为热固性和热塑性两类;按应用范围又可分为通用塑料、工程塑料、高性能工程塑料。塑料几乎可以应用在汽车的所有总成上,行业内习惯将它们分为内装(饰)件、外装件和功能件(其他结构件),如图15-1所示。可以对汽车安全性、舒适性、轻量化、回收利用等的提升给予了较大的技术支援。

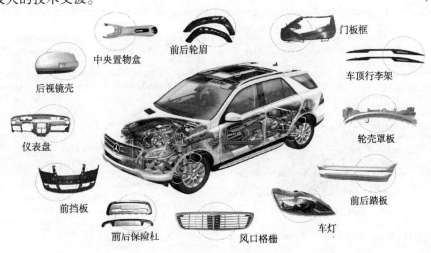

图15-1　塑料在汽车中的应用

1. 热塑性塑料

热塑性塑料加热时变软以至流动,冷却后变硬,这种过程是可逆的,可以反复进行。聚乙烯、聚丙烯、聚氯乙烯、聚苯乙烯、聚甲醛、聚碳酸酯、聚酰胺、丙烯酸类塑料、其他聚烯烃及其共聚物、聚苯醚、氯化聚醚等都是热塑性塑料。热塑性塑料中树脂分子链都是线形或带支链的结构,分子链之间无化学键产生,加热时软化流动、冷却变硬的过程是物理变化。在汽车里特别是在车身维修里接触最多的热塑性塑料就是汽车的前后保险杠,而且汽车的前后保险杠是可以反复进行修复的,不会破坏保险杠内部的分子结构。

2. 热固性塑料

热固性塑料第一次加热时可以软化流动,加热到一定温度,产生化学反应——交联固化而变硬,这种变化是不可逆的。此后,再次加热时,不能再变软流动。

酚醛、三聚氰胺甲醛、环氧、不饱和聚酯、有机硅等塑料,都是热固性塑料。

热固性塑料主要用于隔热、耐磨、绝缘、耐高压电等恶劣环境。在车身上主要有尾灯、后视镜、指示灯座、仪表板、喇叭、车速里程表等相关部件。

二、车用塑料件的焊接修复

车用塑料的修复方面,根据塑料本身不同的性质,分为热塑性塑料修复和热固性塑料修复。一般热塑性塑料主要用焊接的方法进行修复,热固性塑料主要是利用修补的方法进行修复。例如,汽车保险杠的修复就是一个典型的热塑性塑料修复,即利用塑料焊接的方法进行修复。而汽车仪表台的修复就是一个热固性塑料的修复,主要用修补的方式进行。如图15-2 所示,是汽车用塑料的典型修复方法。

如汽车保险杠常见的边缘开裂和破洞,可以使用无锈加固网焊接修复技术对其进行快速高效的修复,利用此方法修复后的保险杠可以恢复原厂保险杠约85%的性能,不会大幅降低保险杠减振吸能的能力。塑件的裂缝修复详细步骤如下(以下步骤中用到的工具:电动或气动钻、打磨机、修补网、修补胶条、电烙铁):

(1)定损,如图15-3 所示。

定损是一个很重要的步骤,以便确定接下来的打磨范围、需要的修补材料。

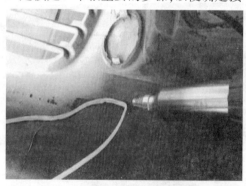

图15-2 塑料修复方法

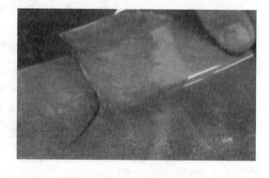

图15-3 定损

(2)使用钻头钻出止裂孔,防止修复时开口继续破裂增大,如图15-4 所示。

在进行钻孔作业的时候,特别要注意的是工具的选择和防护装备的选用,设备可以选择气动的钻孔工具也可以用电动的。但要注意：只要使用转动设备，就不能戴着棉线手套操作。因为一旦棉线绕进转动设备，将对手造成伤害。

（3）使用单动打磨机打磨漆面，如图15-5所示。

根据在定损时计算的打磨量进行打磨，不能把其他也打磨了。

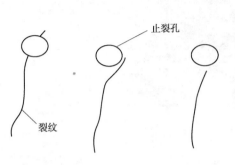

图15-4　止裂孔　　　　　图15-5　打磨漆面

（4）点焊定位。用焊接头将裂缝做简单焊接，避免在进行后面的焊接时裂缝两边出现高低不平的现象，如图15-6所示。

定位焊接只是起到一个定位作用，如果直接进行焊接，那么焊接强度就会大大下降，所以焊接点不需要太密，30mm左右一个点即可。

（5）根据损伤范围，裁剪适用的不锈钢网，如图15-7所示。

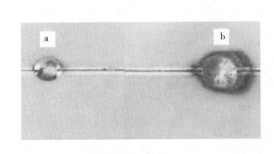

图15-6　定位焊接　　　　　图15-7　定位焊接

根据定损时计算的损伤范围进行修复网的剪裁。太小的话起不到修复的效果，而太多又会造成浪费。

（6）在受损表面植入不锈钢网，如图15-8所示。

在植入时应刚好覆盖住损伤的范围，如果在剪裁时修复网尺寸过大，那么在植入之后把过大的部分剪掉。

（7）把玻纤胶条植入受损表面，植入的胶条应有一定的厚度，覆盖并填平受损表面经过打磨的凹坑，如图15-9所示。

图15-8　植入修复网

这个步骤需要注意的是填满所有的暗坑,不能出现有假焊填不满的情况,最好的情况是稍稍高出原有平面1~3mm,不然在后面的打磨工序中,容易将修复好的平面有打磨出损伤。

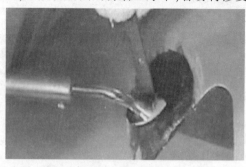

图15-9 植入胶条

习　题

一、填空题
1. 塑料焊接修复中＿＿有/无＿＿焊接填充材料。
2. 塑料可区分为＿＿＿＿与＿＿＿＿两类,前者无法重新塑造使用,后者可一再重复生产。
3. 钻出止裂孔是为了防止修复时开口继续＿＿＿＿。
4. 在点焊定位步骤中,用焊接头将裂缝做简单焊接,避免在进行后面的焊接时裂缝两边出现＿＿＿＿的现象。

二、选择题
1. 根据(　　)来更换损坏的塑料件。
 　A.损坏的面积　　　　B.定损人员的决定　　　　C.价格的高低
2. 对塑料件进行修复时,要佩戴(　　)。
 　A.安全帽　　　　B.护目镜　　　　C.线手套
3. (　　)塑料在燃烧时会有熔滴产生。
 　A.热固性　　　　B.热塑性　　　　C.热固性和热塑性
4. (　　)塑料的弹性好。
 　A.热塑性　　　　B.热固性　　　　C.热固性和热塑性
5. (　　)的说法是错误的。
 　A.塑料件在黏结前不需要预热　　　　B.黏合剂固化时可以加热
 　C.加热会影响板件变形,最好少用

三、判断题
1. 热塑性塑料件的损坏可以用塑料焊机进行焊接维修,也可以进行黏结维修。(　　)
2. 热固性塑料件的损坏可以用塑料焊机进行焊接维修,也可以进行黏结维修。(　　)
3. 所有损坏的塑料件都可以维修后再继续使用。(　　)
4. 塑料件焊接是利用热源把塑料焊条和塑料件熔化后连接在一起的方法。(　　)
5. 热固性塑料燃烧时会产生熔滴,而热塑性塑料燃烧时不会产生熔滴。(　　)

项目十六　等离子切割工艺

> **学习目标**
>
> 完成本项目学习后,你应能:
> 1. 准确说出等离子切割的原理;
> 2. 认识等离子切割的工艺参数;
> 3. 准确描述等离子切割流程。
>
> **建议学时**
>
> 2学时。

一、概述

等离子切割是利用高温等离子电弧的热量使工件切口处的金属局部熔化(和蒸发),并借高速等离子的动量排除熔融金属以形成切口的一种加工方法。图16-1是现在汽车维修中用得比较多的等离子切割机。

等离子切割设备配合不同的工作气体可以切割各种氧气切割难以切割的金属,尤其是对于有色金属(不锈钢、铝、铜、钛、镍)的切割效果更佳。其主要优点在于切割厚度不大的金属时,等离子切割速度快,尤其在切割普通碳素钢薄板时,速度可达氧切割法的5~6倍,而且切割面光洁、热变形小,几乎没有热影响区。

工作气体(工作气体是等离子弧的导电介质,又是携热体,同时还要排除切口中的熔融金属)对等离子弧的切割特性以及切割质量、速度都有明显的影响。常用的等离子切割工作气体有氩、氢、氮、氧、空气、水蒸气以及某些混合气体。

图16-1　等离子切割机

等离子切割机广泛运用于汽车、机车、压力容器、化工机械、核工业、通用机械、工程机械、钢结构等各行各业。

二、等离子切割原理

空气等离子切割机是一种新型的热切割设备,它的工作原理是:以压缩空气为工作气体,以高温高速的等离子弧为热源,将被切割的金属局部熔化并同时用高速气流将已熔化的金属吹走,形成狭窄切缝。图16-2为等离子切割设备组成示意图,该设备可用于不锈钢、铝、铜、铸铁、碳钢等各种金属材料切割。不仅切割速度快、切缝狭窄、切口平整、热影响区小、工件变形度低、操作简单,而且具有显著的节能效果,适用于各种机械、金属结构的制造、安装和维修,做中、薄板材的切断、开孔、挖补、开坡口等切割加工。

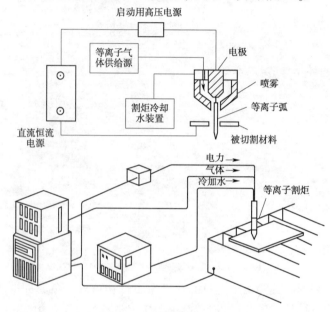

图16-2 等离子切割示意图

三、等离子切割机构造

等离子切割机主要由主机和割炬两部分组成。图16-3 所示是一个等离子切割机的主机部分,再给主机配上割炬就构成了等离子切割的设备。

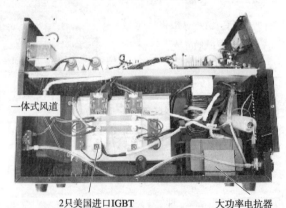

图16-3 等离子切割主机

等离子切割机割炬如图16-4所示。

图16-4　等离子切割机割炬

四、等离子切割工艺参数

各种等离子切割工艺参数,直接影响切割过程的稳定性、切割质量和效果,主要切割工艺参数如下:

1. 空载电压和弧柱电压等离子切割电源的差异

必须具有足够高的空载电压,才容易引弧和使等离子弧稳定燃烧。空载电压一般为118~600V,而弧柱电压一般为空载电压的一半。提高弧柱电压,能明显地增加等离子弧的功率,因而能提高切割速度和切割更大厚度的金属板材。弧柱电压往往通过调节气体流量和加大电极内缩量来达到,但弧柱电压不能超过空载电压的65%,否则会使等离子弧不稳定。

2. 切割电流

增加切割电流同样能提高等离子弧的功率,但它受到最大允许电流的限制,否则会使等离子弧柱变粗、割缝宽度增加、电极寿命下降。

3. 气体流量

增加气体流量既能提高弧柱电压,又能增强对弧柱的压缩作用而使等离子弧能量更加集中、喷射力更强,因而可提高切割速度和质量,但气体流量过大,反而会使弧柱变短,损失热量增加,使切割能力减弱,直至使切割过程不能正常进行。

4. 电极内缩量

所谓内缩量是指电极到割嘴端面的距离,合适的距离可以使电弧在割嘴内得到良好的压缩,获得能量集中、温度高的等离子弧而进行有效的切割。距离过大或过小,会使电极严重烧损、割嘴烧坏和切割能力下降,内缩量一般取8~11mm。

5. 割嘴高度

割嘴高度是指割嘴端面至被割工件表面的距离,该距离一般为4~10mm。它与电极内缩量一样,距离合适才能充分发挥等离子弧的切割效率,否则会使切割效率和切割质量下降或使割嘴烧坏。

6. 切割速度

以上各种因素直接影响等离子弧的压缩效应,也就是影响等离子弧的温度和能量密度,而等离子弧的高温、高能量决定着切割速度,所以以上的各种因素均与切割速度有关。在保证切割质量的前提下,应尽可能提高切割速度,这不仅能提高生产率,而且能减少被割零件的变形量和割缝区的热影响区域。若切割速度不合适,其效果相反,而且会使粘渣增加,切割质量下降。

习　题

一、填空题

1. 等离子弧切割是利用高温_____电弧的热量使工件切口处的金属局部熔化(和蒸发),并借高速等离子的动量排除熔融金属以形成切口的一种加工方法。

2. 等离子切割的工作原理是以_____为工作气体,以高温高速的等离子弧为热源,将被切割的金属局部_____并同时用高速气流将已熔化的金属吹走,形成狭窄切缝。

3. 等离子切割机主要由_____和_____两部分组成。

二、选择题

1. 根据(　　)来决定要不要更换损坏的车身结构件。
　　A.损坏的面积　　　　　B.定损人员的决定　　　　　C.价格的高低

2. 等离子切割时,要佩戴(　　)。
　　A.安全帽　　　　　　　B.护目镜　　　　　　　　　C.线手套

3. 割嘴高度是指割嘴端面至被割工件表面的距离,该距离一般为(　　)mm。
　　A.4~10　　　　　　　　B.2~4　　　　　　　　　　C.4~8

项目十七　气焊基础知识

学习目标

完成本项目学习后,你应能:
1. 准确说出气焊的原理;
2. 指出气焊设备的各组成部分名称;
3. 指出气焊安全防护设备的名称。

建议学时

2学时。

气焊是利用气体火焰作为热源的焊接方法,最常用的是氧乙炔焊接。氧乙炔焊设备简单,不需要电源,适合多种空间位置的焊接,见图17-1。

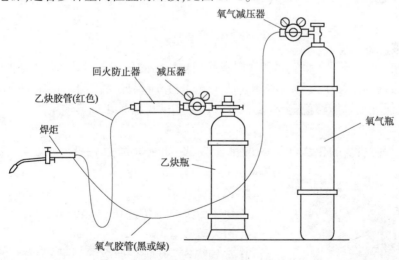

图17-1　氧乙炔设备

一、气焊原理

气焊是利用可燃气体与助燃气体混合燃烧的火焰为作热源,熔化焊件和焊条,使之达到原子间接合的一种焊接方法。其中,可燃气体是乙炔(C_2H_2)、助燃气体是氧气(O_2)。

二、气焊设备

气焊设备主要包括氧气瓶、乙炔瓶、氧气减压器、乙炔减压器、回火防止器、焊炬、胶管。

1. 氧气瓶

氧在液态和固态时是蓝色,故氧气瓶身涂蓝色漆,容积40L,如图17-2所示。常规氧气瓶的压力上限为15MPa。常规充装的钢瓶内压力应在12~15MPa。瓶内气体不能全部用尽,应保留不少于0.05MP的剩余压力,以便在装氧气时吹除灰尘和避免混进其他气体。氧气瓶与明火距离应该不小于10m、不得靠近热源、不得受日光暴晒。

2. 乙炔瓶

外表漆成白色,并用红漆有"乙炔""不可近火"字样,见图17-3。在瓶体内装有浸满着丙酮的多孔性填料,能使乙炔稳定而安全地储存在瓶内。使用时,溶解在丙酮内的乙炔就分解出来,通过乙炔瓶阀流出。而丙酮仍留在瓶内,以便溶解再次压入乙炔。乙炔瓶阀下面的填料中心部分的长孔内放着石棉,其作用是帮助乙炔从多孔填料中分解出来。

图17-2 氧气瓶　　　　　图17-3 乙炔瓶

3. 减压器

由于气瓶内压力较高,而气焊和气割和使用点所需的压力却较小,所以需要用减压器来把储存在气瓶内的较高压力的气体降为低压气体,并应保证所需的工作压力自始至终保持稳定状态,以保证火焰能够稳定燃烧,各种气体专用减压器禁止调换使用。

1) 氧气减压器

通常,气焊时所需的工作压力一般都比较低,如氧气压力一般为0.2~0.4MPa,见图17-4。

2) 乙炔减压器

乙炔压力最高不超过0.15MPa,见图17-5。

4. 回火防止器

正常气焊时,火焰在焊炬的焊嘴外面燃烧,当在发生事故或系统不稳定的状况下,管内气压降低时,燃烧点的火会通过管道向气源方向蔓延。这种火焰逆向燃烧的现象称为回火。如果回火蔓延到乙炔瓶,就有可能引发爆炸事故。防止并阻断这种回火的装置称作回火防止器,见图17-6。

图17-4 氧气减压器

项目十七　气焊基础知识

图 17-5　乙炔减压器

图 17-6　回火防止器

5. 焊炬

焊炬又称焊枪,是利用氧气和中低压乙炔作为热源,焊接或预热黑色金属或有色金属工件的工具见图 17-7。焊炬的作用是将可燃气体和氧气按一定比例均匀地混合,以一定的速度从焊嘴喷出,形成一定能率、一定成分、适合焊接要求和稳定燃烧的火焰。焊炬的好坏直接影响气焊的焊接质量,因而要求焊炬应具有良好的调节氧气与可燃气体的比例和火焰能率的性能,使混合气体喷出的速度大于或等于燃烧速度,以使火焰稳定地燃烧。同时还要求焊炬的重量要轻,使用时应操作方便、安全可靠。

图 17-7　焊炬

三、气焊个人安全

1. 焊接头盔

在进行气焊等操作时,焊接头盔能保护面部免受高温、紫外线或熔化金属的灼伤,变色镜片能保护眼睛免受紫外线和过亮强光的伤害,见图 17-8。

2. 焊接手套

从事易产生强光、焊渣、火花的焊接作业过程中,须穿戴焊接手套,目前的焊接作业种类皆适合采用分指皮手套,材质须柔软以便于焊接操作,见图 17-9。

图 17-8　焊接头盔

图 17-9　焊接手套

3. 安全鞋

安全鞋具有防焊渣、防滑及透气等防护功能,见图17-10。

图17-10 安全鞋

综上所述,气焊设备不需要电源,设备简单,购买、维护的成本比较低,操作方便。特别适合在没电的情况下使用。

习 题

一、选择题

1. 在气焊设备中,减压器的作用是( )。
   A. 升高气体压力　　　　B. 降低气体压力　　　　C. 使气体压力不变
2. 中性焰的最高温度为( )。
   A. 2700~3000℃　　　　B. 3100~3180℃　　　　C. 3100~3300℃
3. 国内最常用的乙炔瓶,公称容积为( )L。
   A. 30　　　　　　　　　B. 40　　　　　　　　　C. 50
4. 气焊时,乙炔压力最大不超过( )MPa。
   A. 0.15　　　　　　　　B. 0.2　　　　　　　　C. 0.5
5. 气焊薄板时,焊嘴不能垂直于工件,需偏斜( ),火焰能率要小,气焊速度要快。
   A. 0°~5°　　　　　　　B. 5°~10°　　　　　　C. 10°~15°
6. 气焊时,乙炔瓶体的温度不能超过( )℃。
   A. 18~30　　　　　　　B. 30~40　　　　　　　C. 40~50

二、填空题

1. 通常,火焰离开工件表面的距离应保持在_____ mm的范围内,这样,加热条件最好,而且渗_____的可能性也最小。
2. 点火前,先微开_____,再开_____,用点火枪等工具点燃_____。须注意操作者的安全,不要被喷射出的火焰烧伤。开始为_____,此时应逐渐加大_____流量,将火焰调节为_____或_____。
3. 气焊操作技术的四个步骤按顺序分别是_____、_____、_____、_____。
4. 金属的气焊过程实质是金属在纯氧中的_____,而不是熔化过程。
5. 氧乙炔切割过程包括_____个阶段,分别是_____。

6. 气焊时,预热火焰应采用_____或_____。_____因有游离碳的存在,会使切口边缘增碳,所以不能采用。

7. 停割时,先关闭_____,再关闭_____,最后关闭_____,整个气割过程便告结束。

三、问答题

1. 金属气焊的条件是什么?

2. 气焊的工艺参数有哪些?

3. 气焊前的准备工作有哪些?

4. 气焊切口表面质量优良的标志有哪些?

项目十八　气焊工艺

学习目标

完成本项目学习后,你应能:
1. 说出气焊火焰类型及特点;
2. 列举焊接接头形式;
3. 指出气焊工艺参数;
4. 描述气焊实操流程。

建议学时

2学时。

气焊的焊接工艺参数包括焊丝的牌号和直径、火焰种类、火焰能率、焊嘴倾角和焊接速度等。由于焊件的材质、气焊的工作条件、焊件的形状尺寸和焊接位置、气焊工的操作习惯和气焊设备等的不同,所选用的气焊焊接工艺参数不尽相同。

一、气焊火焰类型

1. 中性焰

中性焰是氧与乙炔体积的比值(O_2/C_2H_2)为1.1~1.2的混合气燃烧形成的气体火焰,中性焰在燃烧时既无过剩的氧又无游离的碳。中性焰应用最广泛,一般用于焊接碳钢、紫铜和低合金钢等。

2. 碳化焰

碳化焰是氧与乙炔体积的比值(O_2/C_2H_2)小于1.1时的混合气燃烧形成的气体火焰,因为乙炔有过剩量,所以燃烧不完全。碳化焰中含有游离碳,具有较强的还原作用和一定的渗碳作用。可用于焊接高碳钢、中合金钢、高合金钢、铸铁、铝和铝合金等材料。

3. 氧化焰

氧化焰是氧与乙炔体积的比值(O_2/C_2H_2)大于1.2时的混合气燃烧形成的气体火焰,氧化焰中有过剩的氧,在尖形焰芯外面形成了一个有氧化性的富氧区,气焊时,通常使用氧化焰,见图18-1。

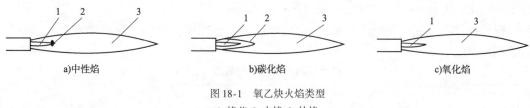

图 18-1 氧乙炔火焰类型
1-焰芯；2-内焰；3-外焰

二、气焊接头形式及工艺参数

1. 气焊接头形式

常见的气焊接头形式，如图18-2所示。

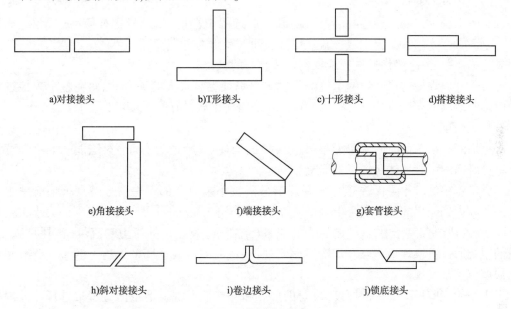

图 18-2 气焊接头形式

最常用的焊接接头形式有对接焊、T形接头焊、搭接焊。

对接焊：取两块处理好的板件对齐并使其处于同一平面上，板件间保持一定的间隙进行焊接。对接焊操作简单，焊接强度高，广泛用于气焊焊接。

T形接头焊：两板件间相互垂直，板件间保持一定间隙的焊接。

搭接焊：一块板件搭在另外一块板件表面，两板件有一定的高度差的焊接。

2. 气焊主要工艺参数

1) 焊丝直径的选择

焊丝的直径应根据焊件的厚度、坡口的形式、焊缝位置、火焰能率等因素确定，见图18-3。在火焰能率一定时，如果焊丝过细，则焊接时往往在焊件尚未熔化时焊丝已熔化下滴，这样，容易造成熔合不良和焊坡高低不平、焊缝宽窄不一等缺陷；如果焊丝过粗，则熔化焊丝所需要的加热时间就会延长，同时增大了对焊件的加热范围，使工件焊接热

图 18-3 焊丝

影响区增大,容易造成组织过热,降低焊接接头的质量。

焊丝直径常根据焊件厚度初步选择,试焊后再调整确定。碳钢气焊时焊丝直径的选择可参照表18-1。

焊件厚度与焊丝直径的关系(mm)　　　　　　　　　　表18-1

工件厚度	1.0~2.0	2.0~3.0	3.0~5.0	5.0~10.0	10~15
焊丝直径	1.0~2.0 或不用焊丝	2.0~3.0	3.0~4.0	3.0~5.0	4.0~6.0

在多层焊时,第一、二层应选用较细的焊丝,以后各层可采用较粗的焊丝。一般平焊应比其他焊接位置选用粗一号的焊丝,右焊法比左焊法选用的焊丝要适当粗一些。

2) 火焰性质的选择

一般来说,需要尽量减少元素的烧损时,应选用中性焰;当母材含有低沸点元素[如锡(Sn)、锌(Zn)等]时,需要生成覆盖在熔池表面的氧化物薄膜,以阻止低熔点元素蒸发,应选用氧化焰。总之,火焰性质选择应根据焊接材料的种类和性能。

由于气焊焊接质量和焊缝金属的强度与火焰种类有很大的关系,因而在整个焊接过程中应不断地调节火焰成分,保持火焰的性质,从而获得质量好的焊接接头。

3) 火焰能率的选择

火焰能率指单位时间内可燃气体(乙炔)的消耗量,单位为L/h。火焰能率的物理意义是单位时间内可燃气体所提供的能量。

火焰能率的大小是由焊炬型号和焊嘴号码大小来决定的。焊嘴号越大火焰能率也越大。所以火焰能率的选择实际上是确定焊炬的型号和焊嘴的号码。火焰能率的大小主要取决于氧、乙炔混合气体中,氧气的压力和流量(消耗量)及乙炔的压力和流量(消耗量)。流量的粗调通过更换焊炬型号和焊嘴号码实现;流量的细调通过调节焊炬上的氧气调节阀和乙炔调节阀来实现。

火焰能率应根据焊件的厚度、母材的熔点和导热性及焊缝的空间位置来选择。如焊接较厚的焊件,熔点较高的金属,导热性较好的铜、铝及其合金时,就要选用较大的火焰能率,才能保证焊件焊透;反之,在焊接薄板时,为防止焊件被烧穿,火焰能率应适当减小。平焊缝可比其他位置焊缝选用稍大的火焰能率。在实际生产中,在保证焊接质量的前提下,应尽量选择较大的火焰能率。

4) 焊嘴倾斜角的选择

焊嘴的倾斜角是指焊嘴中心线与焊件平面之间的夹角,如图18-4所示。焊嘴的倾斜角度的大小主要是根据焊嘴的大小、焊件的厚度、母材的熔点和导热性及焊缝空间位置等因素综合决定的。当焊嘴倾斜角大时,因热量散失少,焊件得到的热量多,升温就快;反之,热量散失多,焊件受热少,升温就慢。

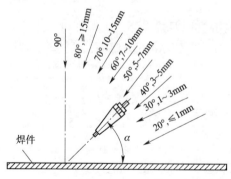

图18-4　焊嘴倾斜角与焊件厚度的关系

一般低碳钢气焊时,焊嘴的倾斜角度与工件厚度的关系详见图18-4。一般说来,在焊接工件的厚度大、母材熔点较高或导热性较好的金属材料时,焊嘴的倾斜角要选得大一些;反之,焊嘴倾斜角可选得小一些。

焊嘴的倾斜角度在气焊的过程中还应根据施焊情况进行变化。如在焊接刚开始时,为了迅速形成熔池,采用焊嘴的倾斜角度为80°~190°;当焊接结束时,为了更好地填满弧坑和避免焊穿或使焊缝收尾处过热,应将焊嘴适当提高,焊嘴倾斜角度逐渐减小,并使焊嘴对准焊丝或熔池交替地加热。

在气焊过程中,焊丝对焊件表面的倾斜角一般为30°~40°,与焊嘴中心线的角度为190°~100°,如图18-5所示。

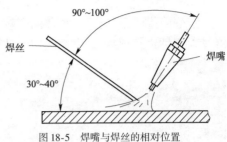

图18-5 焊嘴与焊丝的相对位置

3. 焊接速度的选择

焊接速度应根据焊工的操作熟练程度,在保证焊接质量的前提下,尽量提高焊接速度,以减少焊件的受热程度并提高生产率。一般说来,对于厚度大、熔点高的焊件,焊接速度要慢些,以避免产生未熔合的缺陷;而对于厚度小、熔点低的焊件,焊接速度要快些,以避免产生烧穿和使焊件过热而降低焊接质量。

三、气焊操作方法

1. 作业前的准备

(1) 严禁使用没有减压器的氧气瓶和没有回火阀的乙炔气瓶。氧气瓶内的压力降到0.1196MPa,不应再使用。氧气瓶、乙炔瓶与明火的距离不小于10m。

(2) 橡胶软管不准有鼓包、裂缝或漏气等现象。橡胶软管的长度宜大于15m。

(3) 焊枪应检查其连接处的严密性及其焊嘴有无堵塞现象,禁止在着火的情况下疏通气焊嘴。

图18-6 火焰调节

2. 氧乙炔焰的点燃、调节和熄灭

应右手拿焊炬,拇指和食指位于氧气调节阀处,同时拇指还可以开关、调节乙炔调节阀,随时调节气体的流量,见图18-6。

点燃火焰时,应先稍许开启氧气调节阀,然后再开乙炔调节阀,两种气体在焊炬内混合后,从焊嘴喷出,此时将焊嘴靠近火源即可点燃。点火时,拿火源的手不要正对焊嘴,也不要将焊嘴指向他人或可燃物,以防发生事故。刚开始点火时,可能出现连续"放炮"声,原因是乙炔不纯,需放出不纯的乙炔重新点火。有时出现不易点火的现象,多数情况是氧气开得过大所致,这时应将氧气调节阀关小。

刚点燃的火焰一般为碳化焰,这时应根据所焊材料的种类和厚度,分别调节氧气调节阀和乙炔调节阀,直至获得所需要的火焰性质和火焰能率。如将氧气调节阀逐渐开大,直至火焰的内外焰、焰芯轮廓明显时,可认为是中性焰;如再增加氧气或减少乙炔,可得到氧化焰;如增加乙炔或减少氧气则得到碳化焰。如果同时增大乙炔和氧气则可增大火焰能率,如火焰能率仍不够大时,应更换大直径的焊嘴。

需要熄灭火焰时,应先关闭乙炔调节阀,再关闭氧气调节阀。否则,就会出现大量的炭灰(冒黑烟)。

3. 起焊

起焊时由于刚开始焊,焊件温度较低或接近环境温度,见图18-7。为便于形成熔池,并利于对焊件进行预热,焊嘴倾角应大些,同时在起焊处应使火焰往复移动,保证在焊接处加热均匀。如果两焊件的厚度不相等,火焰应稍微偏向厚件,以使焊缝两侧温度基本相同,熔化一致,熔池刚好在焊缝处。当起点处形成白亮而清晰的熔池时,即可填入焊丝,并向前移动焊炬进行正常焊接。在施焊时应正确掌握火焰的喷射方向,使得焊缝两侧的温度始终保持一致,以免熔池不在焊缝正中而偏向温度较高的一侧,凝固后使焊缝成型歪斜。焊接火焰内层焰芯的尖端要距离熔池表面3~5mm,自始至终保持熔池的大小、形状不变。

图18-7 气焊

起焊点的选择,一般在平焊对接接头的焊缝时,从对缝一端30mm处施焊,目的是使焊缝处于板内,传热面积大,当母材金属熔化时,周围温度已升高,从而在冷凝时不易出现裂纹。

4. 焊接过程中焊嘴和焊丝的运动

为了控制熔池的热量,获得高质量的焊缝,焊嘴和焊丝应做均匀协调的摆动。焊嘴和焊丝的运动分为三种:

(1)沿焊缝的纵向移动,不断地熔化工件和焊丝,形成焊缝。

(2)焊嘴沿焊缝做横向摆动,充分加热焊件,使液体金属搅拌均匀,得到致密性好的焊缝。在一般情况下,板厚增加、横向摆动幅度应增大。

(3)焊丝在垂直焊缝的方向送进,并做上下移动,调节熔池的热量和焊丝的填充量。

5. 接头与收尾

焊接中途停顿后,又在焊缝停顿处重新起焊和焊接时,把与原焊缝重叠部分称为接头。焊到焊缝的终端时,结束焊接的过程称为收尾。

接头时,应用火焰把原熔池重新加热至熔化形成新的熔池后,再填入焊丝重新开始焊接,并注意焊丝熔滴应与熔化的原焊缝金属充分熔合。接头时要与前焊缝重叠5~10mm,在重叠处要注意少加或不加焊丝,以保证焊缝的高度合适和接头处焊缝与原焊缝的圆滑过渡。

收尾时,由于焊件温度较高,散热条件也较差,所以应减小焊嘴的倾角和加快焊接速度,并应多加一些焊丝,以防止熔池面积扩大,避免烧穿。收尾时,应注意使火焰抬高并慢慢离开熔池,直至熔池填满后,火焰才能离开。总之,气焊收尾时要掌握好倾角小、焊速增、加丝快、熔池满的要领。

在气焊的过程中除了上述的基本操作方法,焊嘴的倾斜角度是不断变化的,一般在预热阶段,为了较快的加热焊件,迅速形成熔池,焊嘴的倾斜角度应为50°~70°;在正常焊接阶段,焊嘴的倾斜角度应为30°~50°;在收尾阶段,焊嘴的倾斜角度应为18°~30°。

6. 左焊法和右焊法

焊炬从右向左移动，称为左焊法或左向焊；焊炬从左向右移动，称为右焊法或右向焊，如图 18-8 所示。

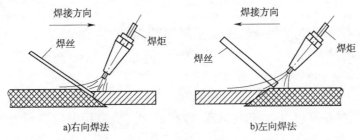

图 18-8 右焊法和左焊法

采用左焊法时，焊炬火焰背着焊缝而指向焊件的未焊部分，并且焊炬火焰跟在焊丝后面运走。左焊法的基本特点是：操作简单、容易掌握，适于焊接较薄和低熔点的工件，因而采用普遍。但也存在着焊缝金属易氧化、冷却速度较快、热量利用率低的缺点。在采用左焊法时，焊工能很清楚地看到熔池上部凝固边缘，并可以获得高度和宽度均匀的焊缝；由于焊接火焰指向焊件的未焊部分，还对金属起到了预热的作用。

一般左焊法用于焊接 5mm 以下的薄板和低熔点金属，具有较高的生产效率。采用右焊法时，焊接火炬指向焊缝，并且焊接火焰在焊丝前面移动，由于焊接火焰始终对着熔池，形成遮盖使整个熔池和周围空气隔离，所以能防止焊缝金属的氧化，减少气孔和夹渣的产生，同时使熔池缓慢冷却，从而改善焊缝的组织。再者，由于焰芯距熔池较近以及火焰受到坡口和焊缝的阻挡，使焊接火焰的热量较为集中，火焰能率的利用程度较高，这样使得熔透度大、增加熔深并提高生产率。右焊法的主要缺点是不易掌握和对焊件没有预热作用，故右焊法较少采用，主要适用于焊接厚度较大或熔点较高的焊件。

习 题

一、填空题

1. _____ 是氧与乙炔体积的比值（O_2/C_2H_2）为 1.1~1.2 的混合气燃烧形成的气体火焰。

2. _____ 中含有游离 _____，具有较强的还原作用和一定的 _____ 作用。

3. _____ 中有过剩的氧，在尖形焰芯外面形成了一个有氧化性的富氧区，_____ 时，通常使用 _____。

4. 一般来说，需要尽量减少元素的烧损时，应选用 _____；当母材含有低沸点元素[如锡（Sn）、锌（Zn）等]时，需要生成覆盖在熔池表面的氧化物薄膜，以阻止低熔点元素蒸发，应选用 _____。

5. _____ 指单位时间内可燃气体（乙炔）的消耗量，单位为 L/h。

6. 焊嘴的倾斜角是指 _____ 与 _____ 之间的夹角。

7. 焊炬从右向左移动，称为 _____ 或 _____；焊炬从左向右移动，称为 _____ 或 _____。

8. 一般左焊法用于焊接_____mm以下的薄板和低熔点金属，具有较高的生产效率。

9. _____的主要缺点是不易掌握和对焊件没有预热作用，主要适用于焊接厚度较大或熔点较高的焊件。

二、选择题

1. 在焊接刚开始时，为了迅速形成熔池，采用焊嘴的倾斜角度为(　　)。

  A. 50°~60°　　　　　　　B. 60°~70°　　　　　　　C. 80°~90°

2. 焊丝对焊件表面的倾斜角一般为(　　)。

  A. 30°~40°　　　　　　　B. 40°~50°　　　　　　　C. 50°~60°

3. 焊铸铁时，往往有较多(　　)出现，因此通常又会采用碱性焊剂，如碳酸钠和碳酸钾等。

  A. Cr183　　　　　　　　B. SiO_2　　　　　　　　C. Q235

三、判断题

1. 火焰能率的大小是由气瓶压力大小来决定的。　　　　　　　　　　　　　(　　)
2. 焊接铜、铝及其合金时，要选用较小的火焰能率。　　　　　　　　　　　(　　)
3. 在焊接薄板时，为防止焊件被烧穿，火焰能率应适当减小。　　　　　　　(　　)

项目十九　气保焊焊接基础

学习目标

完成本项目学习后,你应能:
1. 准确说出气保焊原理;
2. 辨明气保焊设备主要组成部件。

建议学时

2学时。

CO_2气体保护焊,简称气保焊,具有焊接质量高、成本低、生产效率高、操作简便、焊接安全等特点,CO_2气体保护焊正越来越多地应用于轿车维修行业中。

一、气保焊焊接原理

气保焊是利用电弧作为热源,CO_2气体作为保护介质的熔化焊。在焊接过程中,保护气体在电弧周围造成气体保护层,将电弧、熔池与空气隔开,防止有害气体的影响,并保证电弧稳定燃烧。图19-1为气保焊全套设备。

二、气保焊设备

1. 焊枪

焊枪是焊接的执行器,保护气体、焊丝也从焊枪输出,焊接电弧在焊枪的喷嘴前产生,见图19-2。

1)焊枪的基本功能

(1)输送焊丝。焊枪将从送丝机构传送过来的焊丝输送到电弧区进行焊接。

图19-1　气保焊设备

(2)传导电流。焊枪导电嘴将电源输出的电流传导到焊丝末端,形成电弧放电极。

(3)传导CO_2气流。焊枪接收输送过来的CO_2气体,形成保护气罩。

2)焊枪的主要组件

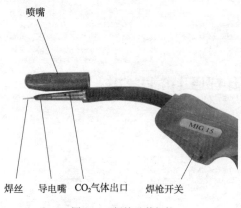

图 19-2　焊枪及其部件

（1）喷嘴。喷嘴工作条件恶劣，既受到电弧的高温烘烤，也受到焊接飞溅颗粒的黏附，这会降低喷嘴的使用寿命，也会使保护气流混乱。CO_2焊枪使用前，可在喷嘴内外表面涂一层耐高温的硅油，可容易清除飞溅颗粒，保证焊接质量，延长喷嘴使用寿命。

（2）导电嘴。导电嘴在焊接过程中完成导电和输送焊丝的任务，是极易磨损的部件。为提高使用寿命，应减少焊丝通过导电嘴产生的摩擦，保证导电性能良好。导电嘴一般用紫铜和铬青铜制造，使用铬青铜制造的导电嘴耐磨性好，使用寿命较长。

2. 送丝机构

焊接时，送丝机构应保证送丝速度均匀，无打滑现象，并且送丝速度能在一定范围内均匀调节。焊丝从焊丝盘中出来，由送丝滚轮和压紧轮的挤压产生的送丝力，使焊丝进入焊枪的导电嘴并输出，进行焊接工作，送丝的压紧力可以通过调节螺母来调节，见图19-3。

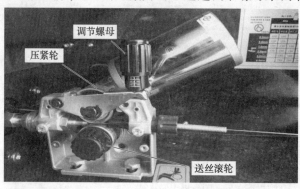

图 19-3　送丝机构

焊丝：在焊接过程中起到电极、传导电流、作为填充金属的作用。有不同的直径，汽车修理中直径0.8mm的焊丝用得比较多。

1）气保焊对焊丝的要求

（1）保证焊缝具有较高的力学性能。

（2）具有优良的工艺性能，如焊接飞溅小，电弧稳定，焊缝不易出现气孔等。

（3）具有良好的导电性能。

（4）具有一定的硬度和刚性，保证出丝均匀。

（5）具有较高的防锈性能。

2）气保焊焊丝种类

（1）实心焊丝，即普通焊丝。

（2）药芯焊丝是将焊丝制成细的管子，在管内装入包含稳弧剂、脱氧剂等的药粉，可在焊接过程中解决焊接飞溅大等问题。

3. 供气系统

供气系统向焊枪提供纯净、有一定压力和流量的保护气体,保证焊枪喷嘴能形成稳定的保护气罩。供气系统一般由 CO_2 气瓶、流量计、减压器、预热器组成。

1) CO_2 气瓶

气瓶是储存 CO_2 混合气气体的容器,容积 40L,见图 19-4。

(1) 焊接钢材时气体组成: 80% Ar + 18% CO_2。

(2) 焊接铝材时气体组成: 198% Ar。

2) 预热器

预热器能对气瓶输出的气体进行加热,补偿液态 CO_2 汽化时吸热的降温,有效防止气体管路冻结,见图 19-5。

3) 减压器

减压器能将气瓶输出的高压气体降至所需的压力再向外输出,见图 19-5。

图 19-4　CO_2 气瓶　　　　图 19-5　减压预热系统

4) 流量计

流量计能对气体流量进行调节和测量,见图 19-5。

4. 焊接控制系统

焊接控制系统控制协调焊机各组件,使焊接过程稳定进行,见图 19-6。

5. 搭铁

搭铁与焊枪组成回路形成电弧,形状像一个夹子,方便夹持到焊接板件上,见图 19-7。

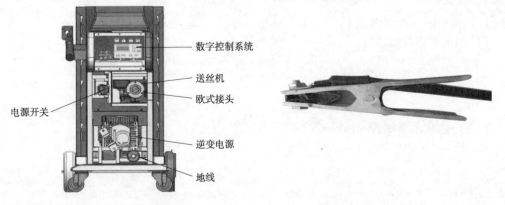

图 19-6　焊接控制系统　　　　图 19-7　搭铁

三、CO_2 气保焊焊接特点

气体保护焊与其他焊接方法相比,具有以下特点
(1) 电弧和熔池的可见性好,焊接过程中可根据熔池情况调节焊接参数。
(2) 焊接过程操作方便,没有熔渣或很少有熔渣,焊后基本上不需清渣。
(3) 电弧在保护气流的压缩下热量集中,焊接速度较快,熔池较小,热影响区窄,焊件焊后变形小。
(4) 有利于焊接过程的机械化和自动化,特别是空间位置的机械化焊接。
(5) 可以焊接化学活泼性强和易形成高熔点氧化膜的镁、铝及其合金。
(6) 可以焊接薄板。
(7) 在室外作业时,需设挡风装置,否则气体保护效果不好,甚至很差。
(8) 电弧的光辐射很强。
(9) 焊接设备比较复杂,比焊条电弧焊设备价格高。

习　　题

一、填空题
1. 焊枪是焊接的执行器,＿＿＿＿、＿＿＿＿也从焊枪输出。
2. 焊枪将从＿＿＿＿传送过来的焊丝输送到＿＿＿＿进行焊接。
3. 焊枪＿＿＿＿将电源输出的电流传导到焊丝末端,形成电弧放电极。
4. 焊枪接收输送过来的 CO_2 气体,形成＿＿＿＿。
5. ＿＿＿＿工作条件恶劣,既受到＿＿＿＿的高温烘烤,也受到焊接飞溅颗粒的黏附。
6. 焊接时,＿＿＿＿保证送丝速度均匀,无打滑现象,并且送丝速度能在一定范围内均匀调节。
7. 气体保护焊焊丝种类有＿＿＿＿和＿＿＿＿。
8. ＿＿＿＿可以对气瓶输出的气体进行加热,补偿液态 CO_2 汽化时吸热的降温,有效防止气体管路冻结。

二、简答题
1. 气保焊的优点有哪些?

2. 焊枪的基本功能有哪些?

三、看图填空

将下图中相应的零件名称填入空白处。

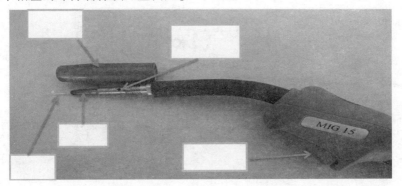

项目二十　气保焊焊接工艺

> **学习目标**
> 完成本项目学习后,你应能:
> 1. 准确说出影响气保焊焊接质量的参数;
> 2. 用简要语句叙述气保焊工艺。
>
> **建议学时**
> 2学时。

图20-1　板件定位

气保焊焊接工艺主要流程有板件定位、焊接参数设定与调整、试焊、定点焊接、主焊接、焊接质量检查、研磨焊珠、施涂防锈剂。

一、板件定位

在做好安全防护、清除板件污物后,使用大力夹钳定位焊接板件,见图20-1。

二、焊接工艺参数设定与调整

焊接工艺参数对焊接质量影响很大,应根据实际情况进行焊机工艺参数设定与调整,焊接工艺参数设定与调整的主要内容有焊接电流、电弧电压、保护气流量、电极和母材间的距离、焊接速度、送丝速度、焊丝直径的设定与调整。

1. 焊接电流

焊接电流除对焊接过程的电弧稳定、金属飞溅以及熔滴过渡等方面有影响外,还对焊缝宽度、熔深、余高有显著影响。焊丝直径、板厚与焊接电流大小的关系,如表20-1所示。

焊丝直径、板厚与焊接电流大小关系　　　表20-1

直径 mm(in) \ 板厚 mm(in)	0.6 (0.024)	0.8 (0.031)	1.0 (0.039)	1.2 (0.047)	1.6 (0.063)	2.3 (0.091)	3.2 (0.126)
0.6(0.024)	20~30A	30~40A	40~50A	50~60A	—	—	—

续上表

直径 mm(in) \ 板厚 mm(in)	0.6 (0.024)	0.8 (0.031)	1.0 (0.039)	1.2 (0.047)	1.6 (0.063)	2.3 (0.091)	3.2 (0.126)
0.8(0.031)	—	—	40~50A	50~60A	60~90A	100~120A	—
0.9(0.035)	—	—	—	—	60~90A	100~120A	120~150A

2. 电弧电压

为了获得良好的焊接效果，必须要有适当的电弧长度。而电弧长度取决于电弧电压，如图 20-2 所示。

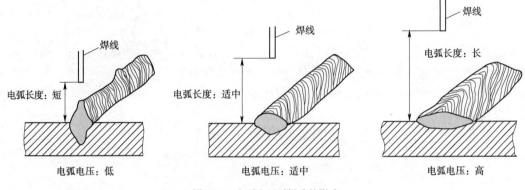

图 20-2 电弧电压对焊珠的影响

(1) 当电弧电压适当时，能够获得良好的焊接效果。

(2) 若电弧电压升高，电弧长度则随之增长，将导致焊接飞溅大、熔入深度变浅，电弧不稳定。

(3) 若电弧电压降低，电弧长度则随之缩短，将导致熔入深度变深。

3. 保护气流量

一般保护气体标准流量为焊丝直径的 10 倍左右，流量的大小应配合喷嘴至母材的距离、焊接电流、焊接速度和焊接周围的环境（风速）来进行调整。气体流量过低，会有空气侵入，易造成焊缝产生气孔，影响保护效果和焊缝质量；气体流量过高，会产生紊流，破坏保护效果、增加焊接飞溅。在进行车身焊接作业时，气体流量一般选用范围是 8~25L/min。

4. 电极和母材间的距离

电极和母材间的距离是另一个影响焊接效果重要因素，一般标准的距离为 8~15mm。若距离太大，则焊线的熔化速度会变快，这是因为焊线的凸出长度过长，而过长的部分产生预热，因此电流流通量将减少，降低焊珠熔深。同样，距离过大也会降低保护气体的隔离效果。如果距离太小，操作者将很难看到焊接区域，以致影响焊接质量，如图 20-3 所示。

5. 焊接速度

在实施焊接作业时，必须依照母材的厚度调整正确的焊接电流和焊接速度，才能得到良好的熔入深度和焊珠宽度。

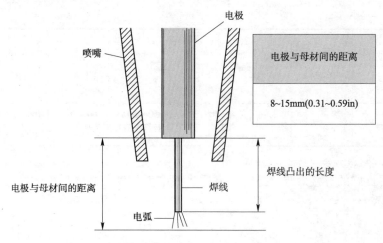

图 20-3 电极与母材间的距离

若焊接电流不变,加快焊接速度会减少熔入深度和焊珠宽度而使焊珠凸出从而达不到焊接强度要求;若焊接速度太慢,会使母材过热而产生熔穿现象。

一般来说,板厚 0.8mm 的薄钢板,其焊接速度是 105～215cm/min。通常,焊接钢板越厚,焊接速度越慢,见表20-2。

板厚与焊接速度对照关系表　　　　　　　　　　　　表 20-2

板厚 [mm(in)]	焊接速度 [cm/min(in/min)]
0.8(0.031)	105～115(41.34～45.28)
1.0(0.039)	100(39.37)
1.2(0.047)	90～00(35.43～39.37)
1.6(0.063)	80～85(31.50～33.46)

6. 送丝速度

送丝速度较慢时,形成的焊接接头较扁平;送丝速度太快,焊丝不能充分熔化,并产生大量飞溅。

7. 焊丝直径

焊丝直径对焊接过程的电弧稳定、金属飞溅以及熔滴过渡等方面有显著影响。随着焊丝直径的增加(或减小),则熔滴下落速度相应减小(或增大);随着焊丝直径的增加(或减小),则相应减缓(或加快)送丝速度,才能保证焊接过程的电弧稳定。随着焊丝直径加粗,焊接电流、焊接电压、飞溅颗粒等都相应增大,焊接电弧越不稳定,焊缝成型也相对较差,母材厚度与焊丝直径的关系,见表20-3。

母材厚度与焊丝直径的关系　　　　　　　　　　　　表 20-3

母材厚度(mm)	焊丝直径(mm)	母材厚度(mm)	焊丝直径(mm)
≤4	0.6～1.2	>4	1.0～1.6

三、试焊

在选好焊接参数后,应以同样材质和厚度的试焊片进行试焊,见图20-4。试焊完成后观察焊珠情况是否符合质量要求,确认焊接工艺参数是否正确,如果焊珠情况符合质量要求,则进行焊接的下一道工序;如果焊珠质量不符合要求,则再次进行焊接参数的设定与调整,直至试焊质量符合要求。

四、定点焊接

实施定点焊接时,可使两片钢板先定位,并且可以减小主焊接产生的变形,焊点间距一般是板厚的 15~30 倍,见图 20-5。

图 20-4　试焊

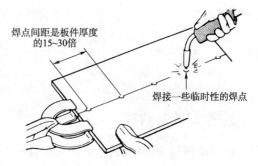

图 20-5　定点焊接

五、主焊接

定点焊接的焊珠将整个焊缝分成几段,为防止焊接中产生的热变形,按照热量分散的原则,以合理的顺序焊接每段焊缝,这一过程称为主焊接,见图 20-6。

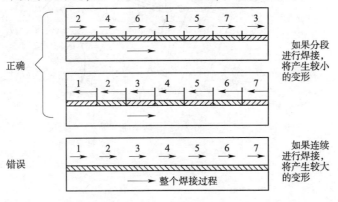

图 20-6　主焊接

六、焊接质量检查

焊接完成后,要对焊接质量进行检查,焊接质量检查可参考如下标准:
(1)钢板没有明显变形。
(2)没有裂纹、孔洞。
(3)没有过多的飞溅。
(4)焊珠形状比较规则,有明显熔深。
(5)焊缝完全填满,工件正面:焊疤宽度 5~10mm。工件背面:焊疤宽度 0~5mm。正面焊疤最大高度不超过 3mm,焊件背面焊疤最大高度不超过 1.5mm。

七、研磨焊珠

焊接质量检查合格后,使用研磨机研磨焊珠至钢板表面高度为止,便于后续喷涂工作的进行,见图 20-7。

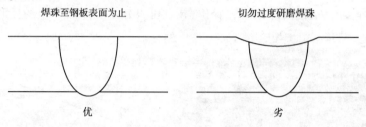

图 20-7 焊珠研磨情况

八、施涂防锈剂

在焊接过程中,焊接热量会损伤焊接钢板背面的防锈层,为保证钢板以后的使用性能,需在焊接部位的背面施涂防锈剂,见图 20-8。

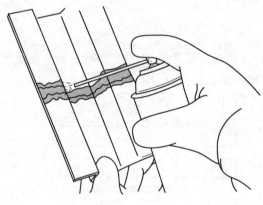

图 20-8 施涂防锈剂

习　题

一、填空题

1. 气保焊时,_____除对焊接过程的电弧稳定、金属飞溅以及熔滴过渡等方面有影响外,还对焊缝宽度、_____、_____有显著影响。

2. 气保焊时,电弧长度取决于_____,若_____降低,_____则随之缩短,将导致熔入深度变_____。

3. 气保焊时,一般保护气体标准流量为_____的_____倍左右,流量的大小应配合喷嘴至母材的距离、焊接电流、焊接速度和焊接周围的环境(风速)来进行调整。

4. 气保焊时,气体流量过_____,会有空气侵入,易造成焊缝产生_____,影响保护效果和焊缝质量。

5. 在进行车身焊接作业时,气体流量一般选用范围是_____L/min。

6. _____间的距离是另一个影响焊接效果重要因素,一般标准的距离约为_____mm。

7. 一般来说,板厚_____mm 的薄钢板,其焊接速度是_____cm/min。通常,焊接钢板愈厚,焊接速度愈_____。

二、简答题

1. 影响气保焊焊接质量的焊接参数有哪些?

2. 电弧电压对气保焊焊接质量的影响具体是什么?

项目二十一 气保焊塞焊工艺

学习目标

完成本项目学习后,你应能:
1. 准确说出塞焊的焊接工艺特点;
2. 用简要语句说塞焊的具体操作方法。

建议学时

2学时。

一、塞焊

塞焊是点焊的一种形式,它是用气保焊设备对孔进行焊接的方式,见图21-1。进行塞焊时应在外面的一块或若干块板件上打一个孔,电弧穿过此孔,进入里面的工件,这个孔被熔化的金属填满,见图21-2,板件被焊接在一起。

图21-1 塞焊   图21-2 塞焊的效果

二、塞焊应用

在承受载荷的板件上,最好用电阻点焊方式来焊接,若没有条件或者电阻点焊不方便进行焊接时,可以用塞焊代替。塞焊经常用在车身上曾在汽车制造厂进行过电阻点焊的所有地方,它的应用不受限制,而且焊接后的接头具有足够的强度来承受各结构件的载荷。塞焊还可用于装饰性的外部板件和其他金属薄板上。在需要连接的外层板件上钻(或冲)一个孔来进行焊接,见图21-3,一般结构性板件的孔直径为8mm,装饰性板件上孔的直径为5mm,在装饰板件上的孔太大后使后面的打磨工作量加大。塞焊还用于将两个以上的金属板连接在一

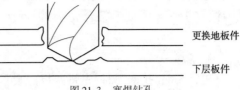

图21-3 塞焊钻孔

起,见图21-4。当需要将两个以上的金属板焊接在一起时,应在每一层金属板上冲一个孔(最下面的金属板除外)。每一层附加金属板的塞焊孔直径应小于最上层金属板塞焊孔的直径。采用塞焊法焊接不同厚度的金属板时,应将较薄的金属板放在上面,并在较薄的金属板上冲较大的孔,这样可以保证较厚的金属板能首先熔化。

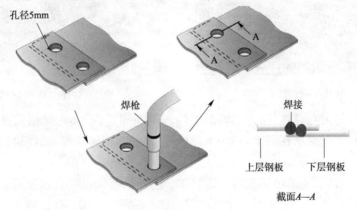

图21-4 塞焊简要步骤

三、塞焊工艺

塞焊工艺的主要工艺流程有打孔、试焊、塞焊、焊接质量检查、研磨焊珠、施涂防锈剂。

1. 打孔

常用的打孔工具有打孔钳,见图21-5;气动钻,见图21-6。

图21-5 打孔钳　　　　图21-6 气动钻

2. 试焊

以同样材质和厚度的试焊片进行试焊，见图21-7。试焊完成后，观察焊珠情况是否符合质量要求，确认焊接工艺参数是否正确，如果焊珠情况符合质量要求，则进行焊接的下一道工序；如果焊珠质量不符合要求，则再次进行焊接参数的设定与调整，直至试焊质量符合要求。

3. 塞焊

进行5mm孔塞焊时，先将两板件紧紧地固定在一起，将焊丝对准孔的中心，如图21-8所示，按下焊枪开关不动，直至熔融金属填满该孔时停止焊接。

图21-7 试焊

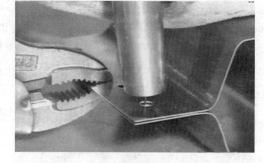
图21-8 焊丝对准孔的中心

进行8mm孔等大孔径塞焊时，先将两板件紧紧地固定在一起，焊枪和被焊接的表面保持一定的角度，将焊丝对准孔的中心，按下焊枪开关，并适当转动焊枪，使熔融金属完整填满该孔。

塞焊时一定要让下面的金属板有一定熔深。间断的塞焊焊接会在金属表面上产生一层氧化物薄膜，而形成气泡。在进行一个孔的焊点塞焊时要求一次完成，避免二次焊接。塞焊焊接过的部位应该自然冷却，然后才可以焊接相邻部位。不能用水或压缩空气对焊点周围进行强制冷却，让其缓慢、自然地冷却，会减小金属板的变形，并使金属板保持原有的强度。

4. 焊接质量检查

塞焊的焊疤的检测标准为：

(1) 工件正面：焊疤直径最小为10mm，直径最大为13mm。

(2) 工件背面：焊疤直径为0~10mm。

(3) 焊疤不允许有孔洞或焊渣等缺陷。

5. 研磨焊珠

使用研磨机研磨焊珠至钢板表面高度为止，见图21-9。

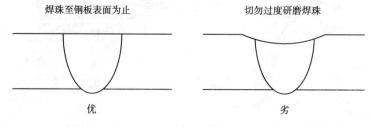
图21-9 焊珠研磨情况

6. 施涂防锈剂

在焊接过程中,焊接热量会损伤焊接钢板背面的防锈层,为保证钢板以后的使用性能,需在焊接部位的背面施涂防锈剂,见图21-10。

为确保焊接质量的可靠性,在实施塞焊时应注意:

(1) 调整适当的时间、电流、温度。
(2) 把各工件紧密地固定在一起。
(3) 焊丝与被焊接的金属相熔。
(4) 底层金属应首先熔化。
(5) 夹紧装置必须位于焊接位置的附近。

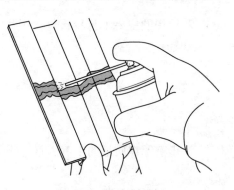

图21-10 施涂防锈剂

习 题

一、填空题

1. _____是点焊的一种形式,它是用气保焊设备对焊孔进行焊接的方式。

2. 塞焊工艺中,一般结构性板件的孔直径为_____ mm,装饰性板件上孔的直径为_____ mm。

3. 塞焊中常用的打孔工具有_____、_____。

4. 在承受载荷的板件上,最好用电阻点焊方式来焊接,若没有条件或者电阻点焊不方便进行焊接时,可以用_____代替。

5. 采用塞焊法焊接不同厚度的金属板时,应将较_____的金属板放在上面,并在较_____的金属板上冲较大的孔,这样可以保证较_____的金属板能首先熔化。

6. 进行5mm孔塞焊时先将两板件紧紧地固定在一起,焊枪和被焊接的表面保持一定的角度,将焊丝对准_____,按下焊枪开关_____,直至熔融金属填满该孔时停止焊接。

7. 进行8mm孔等大孔径塞焊时,先将两板件紧紧地固定在一起,焊枪和被焊接的表面保持一定的角度,将焊丝对准_____,按下焊枪开关,并适当_____,使熔融金属完整填满该孔。

8. 焊接质量检查时,工件正面:焊疤直径最小为_____ mm,直径最大为_____ mm。

9. 焊接质量检查时,工件背面:焊疤直径为_____ mm。

10. 焊接质量检查时,焊疤不允许有_____或_____等缺陷。

二、简答题

1. 塞焊的特点及应用范围有哪些?

2. 塞焊的主要工艺步骤包含哪些?

3. 影响塞焊质量的影响因素有哪些?

参 考 文 献

[1] 吴友生.汽车车身维修技术[M].北京:高等教育出版社,2006.
[2] 邹群.汽车维修钣金工(高级)[M].北京:中国劳动社会保障出版社,2004.
[3] 梁绍华,梁继舟.钣金工放样技术基础[M].北京:机械工业出版社,2014.
[4] 陈均.汽车钣金[M].北京:电子工业出版社,2012.
[5] 王洪军,孙桂英.电焊工(技师 高级技师)[M].北京:中国劳动社会保障出版社,2011.
[6] 机动车维修技术人员从业资格考试指南编写委员会.车身修复考试指南(模块F)[M].南京:江苏科学技术出版社,2009.